Eva Reuys / Hanne Viehoff

# Jetzt kommen wir!

## Ideen und Spiele für die 1- bis 3-Jährigen

*Wir feiern miteinander!*

DON BOSCO

Bibliografische Information der Deutschen Nationalbibliothek

Die Deutsche Nationalbibliothek verzeichnet diese Publikation in der Deutschen Nationalbibliografie; detaillierte bibliografische Daten sind im Internet über http://dnb.d-nb.de abrufbar.

ISBN 978-3-7698-1701-0
1. Auflage 2008
© 2008 Don Bosco Verlag, München
Umschlag: Reclamebüro, München
Umschlagfoto: Manfred Lehner, bluecatdesign
Illustrationen: Antje Bohnstedt, Waldbronn
Notensatz: Nikolaus Veeser, Schallstadt
Satz: undercover, Langweid / Foret
Produktion: Don Bosco Druck & Design, Ensdorf

Gedruckt auf umweltfreundlichem Papier

# Inhalt

## Ein Wort zuvor

Es gibt viele Höhepunkte und Feste im Jahr, die den gewöhnlichen Alltag unterbrechen. Allen voran ist für das Kind natürlich der eigene Geburtstag der wichtigste Tag im Jahr, da es dann die Hauptperson ist. Das Gefühl im Mittelpunkt zu stehen ist schon für kleine Kinder von Bedeutung und je älter sie werden, desto bewusster erleben sie diesen großen Tag. Auch wenn Mama und Papa nach wie vor die wichtigste Rolle im Leben eines kleinen Kindes spielen, findet es zunehmend Freude daran, mit Gleichaltrigen zu feiern.

Und jede Jahreszeit hat etwas Besonderes anzubieten. Nicht wegzudenken von der Osterzeit sind die bunt bemalten Eier, das Basteln von Osternestern und die Freude über den Frühlingsbeginn. Und wie aufregend ist es, das Nest, gefüllt mit Ostereiern und Süßigkeiten, zu suchen und schließlich zu entdecken.

Wenn die ersten, leuchtend roten Erdbeeren den Sommer ankündigen, gibt es nichts Schöneres als die süßen Früchte zu naschen. Und was lässt sich nicht alles an Köstlichkeiten daraus zaubern? Bei einem Fest rund um die Erdbeere können Groß und Klein all die Leckereien genießen.

Unter all den Blumen üben Sonnenblumen eine besondere Faszination auf Kinder aus. Wie aus einem kleinen Kern eine so riesige Sommerschönheit wächst, ist schon imposant. An einem Sonnenblumenfest haben alle ihre Freude, vor allem dann, wenn es an einem warmen Sommertag im Garten gefeiert wird.

Doch auch der Herbst hat den Kindern einiges zu bieten. Begeistert sammeln die Kleinen bunte Blätter und Kastanien und gestalten etwas Schönes daraus. An Herbsttagen mit viel Wind erleben sie dessen Kraft und haben Freude daran, den ersten selbst gebastelten Drachen im Wind flattern zu lassen. Und hat es längere Zeit geregnet, durchwaten die Kleinen mit großem Vergnügen Wasserpfützen. Ein Fest, bei dem Wind und

Wetter die Hauptrolle spielen, ist daher eine gute Idee. Wenn die Tage im November kälter und kürzer werden, beginnt die schöne Zeit der Laternen und Lichter. Im Schein der Kerzen rücken alle ein wenig näher zusammen und genießen das Zusammensein. Am 11. November ist es dann soweit. Stolz tragen die Kinder ihre selbst gebastelten Laternen und singen Martinslieder.

Einen ganz besonderen Reiz hat für Kinder die Vorweihnachtszeit, wenn das Haus nach Kerzen, Tannengrün und Plätzchen duftet. Zu den Höhepunkten gehört das Nikolausfest und Weihnachten, das im Kreis der Familie gefeiert wird. Es wird gesungen, gewerkelt und geschmückt. Doch bei aller Aktivität kann dies auch eine stille, besinnliche Zeit werden, wenn wir dafür sorgen.

Ein Fest, das zu jeder Jahreszeit großen Anklang bei den Kindern findet, ist ein Teddybärenfest. Gehört doch der Teddy neben der Puppe zum liebsten Spielzeug des Kindes. Da macht es Spaß, gemeinsam mit anderen und dem geliebten Kuscheltier den Tag bei allerlei lustigen Spielen zu verbringen.
Besucht das Kind den Miniclub oder eine Spielgruppe, so geht auch diese Zeit eines Tages zu Ende. Dann heißt es Abschied nehmen. Ein neuer Abschnitt beginnt! Ein kleines Fest zu diesem Anlass erleichtert den Abschied und bleibt in schöner Erinnerung.

Unsere originellen und leicht umsetzbaren Ideen und Tipps verhelfen zur effektvollen und stressfreien Festgestaltung mit viel Raum zur Improvisation und Spontaneität. Wir laden Sie mit unseren Geschichten, Spielen, Tänzen, Bastelideen und leckeren Speisen dazu ein, gemeinsam mit den Kindern fröhliche Feste zu feiern.

*Eva Reuys und Hanne Viehoff*

# Wie Sie mit diesem Buch arbeiten können

Unser Buch wendet sich an Leiterinnen von Eltern-Kind-Gruppen, Miniclubs oder Krabbelgruppen, die sich regelmäßig ein- bis zweimal in der Woche mit Kindern und Eltern zum Spielen, Basteln und auch gelegentlichem Feiern treffen. Tagesmütter und Erzieher/-innen in Kindertagesstätten, die täglich Kinder im Alter von eins bis drei Jahren oder eine altersgemischte Gruppe betreuen, sind ebenso angesprochen. Und natürlich können auch Eltern fündig werden, die nach Ideen für erste kleine Kinderfeste suchen.

Im gemeinsamen Alltag von Kindern und Erwachsenen ergeben sich immer wieder Anlässe, ein kleines Fest miteinander zu feiern. Doch Feste feiern mit den Jüngsten – geht das überhaupt? Sind kleine Kinder unter drei Jahren nicht überfordert, wenn um sie herum zu viel Trubel und Ausgelassenheit herrscht?

Feste feiern macht allen Beteiligten Spaß. Dabei wollen bereits die Kleinen von Anfang an dabei sein und alles mitmachen. Wir zeigen Ihnen, wie Sie mit einfachen Mitteln ein kleines Kinderfest gestalten können. Aufwändige Ideen und Aktionen sind für kleine Kinder ohnehin nicht geeignet. Kinder wollen mitmachen, was sie sehen. Sie wollen selber machen, und nicht nur passive Zuschauer sein. Dabei muss das Ergebnis schnell zu erreichen sein, denn die Kleinen haben noch wenig Ausdauer und Konzentration, um länger eine Sache verfolgen zu können. Wichtig ist, dass die Eltern Interesse am Tun ihrer Jüngsten zeigen und das akzeptieren, was diese aus eigenem Antrieb heraus schaffen.

Im Vordergrund sehen wir beim Feiern das gemeinsame Erlebnis, das echte Miteinander von Kindern und Erwachsenen sowie eine lockere und entspannte Atmosphäre. Auch hier gilt die Regel „weniger ist mehr"! Eltern und Gruppenleiter sollten sich daher die Zeit nehmen mit den Kindern gemeinsam ein Fest zu gestalten.

Materialien und Zubehör für Bastelarbeiten und Dekorationen finden Sie in Ihrem eigenen Haushalt, in Bastel- und Schreibwarenläden oder auch in Baumärkten.

Was ist ein Fest ohne besondere leckere Speisen und Getränke? Diese gehören einfach zu jeder Feier dazu! Unser Buch enthält Rezeptvorschläge, die sowohl den kleinen als auch den großen Gästen schmecken werden. Sie sind so ausgewählt, dass die Kleinen schon vielerlei vorbereitende Tätigkeiten mitmachen können. Die Mengenangaben beziehen sich auf etwa zehn bis zwölf Portionen, wobei davon ausgegangen wurde, dass kleine Kinder sowieso nur kleine Mengen essen. Die Rezepte sind einfach zu erweitern, wenn die Besuchergruppe größer sein sollte.

Unsere Ideen orientieren sich am Alter und an den Bedürfnissen von kleinen Kindern. Sie sind in der Praxis mit Kleinkindergruppen entstanden und haben sich bewährt. Sie sind im kleinen familiären Kreis ebenso einfach umzusetzen wie in größeren Kindergruppen. So erschien es uns unnötig, bei Spielen und Aktionen weitere Angaben zum Alter und Entwicklungsstand der Kinder zu machen. Wer in der Familie oder der Spielgruppe täglich mit Kindern dieses Alters zusammen ist, entwickelt genug Erfahrung und weiß, was kleine Kinder brauchen und wo sie überfordert sind.

Ohne Planung geht es nicht! So macht es auch uns Erwachsenen schon gute Laune, wenn wir uns miteinander absprechen und gemeinsam mit anderen Müttern oder Vätern etwas vorbereiten, was dann zum Gelingen des Festes beitragen wird. Sie finden in unserem Buch sowohl Anregungen zur Festgestaltung, als auch Hinweise und praktische Tipps zur Organisation von Kinderfesten. Diese sind als Orientierungshilfe gedacht, nicht als starres Konzept. Unsere Vorschläge lassen genug Freiraum für eigene Ideen. Oft sind es auch die Kinder selbst, die bereits im Vorfeld viele eigene Wünsche haben, die dann dem Festablauf eine ganz andere

Richtung geben können. Lieder, Geschichten, Fingerspiele sowie Gruppenspiele oder ein lustiges Handpuppenspiel ergänzen unsere Ausführungen. Die von uns entwickelten Programmpunkte sind als Bausteine zu verstehen, die jederzeit ergänzt, verändert oder ausgetauscht werden können.

## Ein Fest ist ein besonderer Tag

Kleine Kinder erleben die Welt mit allen Sinnen. Und was gibt es rund um einen Festtag nicht alles zu erleben! Da ist der Tisch besonders schön gedeckt und mit Kerzen und Blumen geschmückt. Es gibt etwas Leckeres zu essen, was es nicht jeden Tag gibt. Alles ist anders als sonst. Gäste werden eingeladen und bringen dem Gastgeber etwas mit, was diesem eine Freude machen soll. Und dieser sorgt mit Spiel und Spaß dafür, dass seine Gäste nicht zu kurz kommen und sich alle wohlfühlen. Fast immer gehören Überraschungen zu einem Fest oder man darf sich etwas wünschen. Geschenke werden aufwändig oder besonders liebevoll verpackt. Bei einem Fest gelten andere Regeln als im Alltag. Da darf man auch einmal über die Stränge schlagen, mehr essen, als eigentlich gesund ist oder später ins Bett gehen. All das trägt zu einer gelösten und gehobenen Stimmung bei und vermittelt auch schon dem kleinen Kind die Botschaft: Heute ist ein besonderer Tag!
Jedes Fest hält besondere Überraschungen und Höhepunkte nur für Kinder bereit. Daraus entwickeln sich Rituale, die zum Fest einfach dazugehören. Gewohnheiten und Bräuche bilden den Rahmen rund um jedes Fest. Sie wiederholen sich jedes Jahr und helfen so auch schon den Kleinen, sich zu erinnern und ein Zeitgefühl zu entwickeln. Das gibt ihnen Sicherheit und Selbstvertrauen. So wachsen sie langsam in den Ablauf des Jahres mit seinen Festen und Höhepunkten hinein. Und irgendwann *weiß* einfach jedes Kind, dass die Anzahl der Kerzen am Geburtstagskuchen die erreichten Lebensjahre symbolisiert oder dass zu Weihnachten nicht der Osterhase kommt.

Kleine Kinder leben ganz im Augenblick. Was gerade jetzt ihre Aufmerksamkeit weckt, ist vielleicht morgen schon völlig uninteressant. So können sie auch noch nicht unterscheiden zwischen der Vorbereitung auf das Fest und dem eigentlichen Ereignis. Aber ist es nicht so, dass das gemeinsame Backen, Basteln und Einüben eines Liedes oder Tanzes und all die kleinen Heimlichkeiten vor einem Fest die eigentliche Vorfreude ausmachen? Gerade darin liegt ja der besondere Reiz des Festefeierns, an den auch wir Erwachsene uns ein Leben lang gern erinnern. Da wird es dann gar nicht mehr so wichtig sein, ob alles am Festtag perfekt abläuft. Kleine Kinder ahmen nach, was sie in ihrer Umgebung sehen und hören. So erfassen sie intuitiv, ob wir Erwachsenen mit Freude beim gemeinsamen Feiern dabei sind. Kinder spüren etwas von der Atmosphäre, die jedes Fest zu etwas Besonderem macht. Sie erleben auf ihre Weise den Anlass und den Grund zum Feiern. Sicher können sie die Bedeutung eines Festes noch nicht verstehen. Aber sie wollen mitmachen, was sie bei den Anderen sehen und selber machen, was sie schon alleine können. Und manchmal auch nur dabei sein und staunen, weil alles noch so neu und einmalig ist für sie. Wir Großen begleiten die Kleinen in ihrem Tun. Wir achten darauf, dass ihre wichtigsten Bedürfnisse nicht zu kurz kommen und das Fest dennoch einen stimmigen Verlauf nimmt.

Häufig lässt das Familienleben nicht mehr viel Raum für gemeinsame Feste, bei denen Alt und Jung sich begegnen. Junge Mütter sind in ihrem beruflichen Alltag manchmal so sehr gefordert, dass nur noch wenig Zeit und Muße fürs Feiern bleibt. Kommerzielle Anbieter füllen diese Lücke. In Rundum-Paketen wird vom Festessen bis zum Unterhaltungsprogramm eines professionellen Animateurs alles geboten, was das Kinderherz scheinbar höher schlagen lässt. Kleine Kinder reagieren jedoch auf diese Aktionen in ihrer Weise: sie werden quengelig und unruhig – ein sicheres

Zeichen für uns, dass sie nicht altersgemäß angesprochen wurden und überfordert sind. Und nicht zuletzt erziehen wir unsere Kinder zu einer passiven Konsumhaltung.

Umso wichtiger sind daher Kindergruppen, in denen die Kleinen mit ihren Eltern, Geschwistern und Großeltern Feste miteinander feiern. Dies festigt die Beziehungen untereinander. Darüber hinaus erleben Eltern ihr Kind an dem Ort, an dem es tagsüber viel Zeit mit anderen Kindern und Erwachsenen verbringt. Ganz nebenbei bekommen sie auf diese Weise Einblicke über ihr Kind, seine Spielgefährten und darüber, was es alles so bewegt. Spielgruppen und Kindertagesstätten kommt somit eine wichtige Aufgabe zu: sie halten die Erinnerung an altes Brauchtum lebendig und tragen dazu bei, dass dieses kindgerecht weitergegeben wird und nicht in Vergessenheit gerät.

## So gelingt das Fest

Um Kindern einen unvergesslichen Tag zu schenken, müssen Sie kein Superprogramm anbieten. Kleinkinder sind damit meist überfordert. Was zählt ist der gemeinsame Spaß. Sind die Erwachsenen gut gelaunt und entspannt, sorgt dies für eine angenehme Atmosphäre. Und wenn sie gleichzeitig noch die Übersicht behalten, kann das Fest nicht aus dem Ruder laufen.

Planen Sie ausreichend Zeit für die Vorbereitung und Organisation des jeweiligen Festes ein. Am besten gründen Sie einen kleinen Festausschuss in Ihrer Einrichtung. Dieser entscheidet über die Rahmenbedingungen, Planungs- und Vorbereitungsschritte des Festes. Sind Eltern dabei, können diese ihre Vorstellungen und Wünsche direkt einbringen. Eine klare Aufgabenverteilung sorgt dafür, dass kein Stress aufkommt und alle dem Fest gelassen entgegensehen können. Hilfreich ist eine Checkliste, die alles enthält, was lang- oder kurzfristig erledigt werden muss.

Ohne Eltern geht es nicht! Gerne unterstützen Eltern Sie bei Ihren Vorbereitungen, wenn Sie diese daraufhin ansprechen, sei es beim Beschaffen von Material, beim Basteln und Dekorieren oder beim Zubereiten der festlichen Speisen. Beim Fest selbst findet sich meist der eine oder andere Hobbyfotograf, der das schöne Ereignis festhält. Vielleicht sind auch einige Mamas oder Papas dafür zu begeistern, eine kleine Aktion für die Kinder vorzubereiten und durchzuführen. Beziehen Sie also ganz bewusst die Interessen und Fähigkeiten der Eltern in die Festplanung mit ein.

## Planung und Vorbereitung

Gemeinsam wird überlegt, welches Motto das Fest dieses Jahr haben soll. Dieses orientiert sich an der Jahreszeit, aktuellen Gegebenheiten und vor allem an den Bedürfnissen und Interessen der Kinder. Eine erste, grobe Programmplanung wird erstellt. Diese kann in der Zeit der Vorbereitungen noch eine andere Richtung einschlagen, da vor allem die Kinder eigene Ideen entwickeln und Wünsche anmelden.
Je nachdem, wie viele Gäste erwartet werden, müssen Räumlichkeiten ausgewählt und Sitzgelegenheiten überprüft werden. Eventuell sind zusätzliche Sitzmöglichkeiten zu organisieren.
Von der Jahreszeit und Wetterlage abhängig ist die Entscheidung, ob drinnen oder draußen gefeiert wird. Eventuell wird auch nur ein Teil des Festes in den Garten verlegt. Jedenfalls sollte daran gedacht werden, welche zusätzlichen Möglichkeiten bei Regenwetter zur Verfügung stehen. Lässt sich ein Festzelt für den Garten organisieren, dann ist ein plötzlicher Regenschauer kein Problem.
Es ist für alle übersichtlicher, den Bereich zu begrenzen, in dem gespielt und gefeiert wird, egal ob drinnen oder draußen. Dekoriertes Gebiet ist immer Festgebiet. Dennoch ist es gerade bei kleinen Kindern wichtig, Rückzugszonen außerhalb des Festgeschehens zu schaffen. Das kann ein

vorbereiteter Bereich mit einer kleinen Auswahl an Spielzeug, eine ruhige Ecke mit vielen Kissen zum Kuscheln, ein Spielhaus oder eine Spielhöhle sein.

Bei Festen gemeinsam mit Eltern ist eine gute Terminabsprache wichtig, damit möglichst viele teilnehmen können. Länger als ein bis maximal zwei Stunden sollte das Fest nicht dauern, da kleine Kinder noch rasch ermüden. Wenn die Kleinen anfangen zu quengeln, zu weinen oder besonders anschmiegsam werden, ist die Zeit zum Aufbruch gekommen. Bei einem Fest mit vielen Personen ist ein offenes Ende meist die beste Lösung. Für die verbleibenden Eltern kann dann noch ein gemeinsamer Abschluss eingeplant werden.

Eine thematisch passende Einladung stimmt Kinder und Eltern auf das bevorstehende Fest ein. Denken Sie daran, dass diese rechtzeitig verschickt oder an der Infotafel ausgehängt wird. Sie informiert über das Motto des Festes, Veranstaltungsort, Zeitpunkt, Zeitdauer, sowie geplante Spiele und Aktionen. Weisen Sie bereits in der Einladung darauf hin, wenn beispielsweise beim Sommerfest Badekleidung oder im Winter Schneeanzüge von Vorteil sind. Enthält die Einladung eine Rückmeldung mit der Auskunft, wer kommt, erleichtert dies die Planung. Wenn Sie die Eltern noch persönlich einladen, können offene Fragen beantwortet werden.

### Programm und Ablauf des Festes

Zu jedem Fest gehören eine ansprechende Dekoration, ein nicht alltägliches Unterhaltungsprogramm und leckere Speisen. Dabei berücksichtigt das Programm den Wunsch der Eltern nach zwanglosen Gesprächen und gegenseitigem Austausch ebenso, wie das Bedürfnis der Kinder zu spielen, sich zu bewegen und auszuruhen.

Das Fest selbst kann so ablaufen, dass Beginn und Ende flexibel gehalten werden. Die ankommenden Gäste werden zwar persönlich begrüßt, machen sich dann aber selber auf den Weg durch das Haus. Wegweiser und Programmhinweise auf Plakaten erleichtern allen das Zurechtfinden. Bei anderen Festen ist es sinnvoll, gemeinsam zu beginnen. Ein Begrüßungsspiel oder eine den Kindern vertraute Handpuppe kann das Fest eröffnen und auf das Kommende einstimmen.

Die Angebote sollten möglichst offen und überschaubar sein und nicht mit der Teilnahme einzelner Kinder stehen oder fallen. Zwei bis höchstens drei angeleitete Spiele sind im allgemeinen genug. Machen Mama, Papa oder andere vertraute Personen mit, lassen sich selbst zunächst abwartende und schüchterne Kinder zum Mitmachen anregen. Neben all den angeleiteten Aktionen für die Kleinen sollte ausreichend Gelegenheit zum freien Spielen sein.

Während sich die einen Betreuer oder Eltern für die Anleitung der Spiele oder die frei spielenden Kinder zuständig fühlen, kümmern sich die anderen um die Kinder, die das Angebot vorzeitig verlassen, Trost suchen oder sonst irgendwie Hilfe brauchen. Sind Mama oder Papa anwesend, sorgen sich diese selbstverständlich um ihr eigenes Kind.

Nach ausgelassenem Spiel kann mit einer kleinen Geschichte oder dem gemeinsamen Essen zum ruhigeren Teil des Festes übergegangen werden. Und bevor sich die Letzten auf den Heimweg machen, ist es schön, nochmals in gemeinsamer Runde ein Lied anzustimmen.

## Spaß am Spiel und leckeres Essen

Bei Kindern sollte vor allem der „Spaß am Spiel" und nicht der „Spaß am Gewinnen" im Vordergrund stehen. Es wäre schade, wenn schon die Kleinen mit überzogenen Erwartungen zum Fest kommen. Kleine Überraschungen, die jedes Kind bekommt, sind allerdings sehr beliebt und eine nette Erinnerung an das Fest.

Süßigkeiten sind auf Kinderfesten nahezu ein Muss. An diesem besonderen Tag dürfen gesundheitliche Aspekte auch einmal in den Hintergrund rücken.
Gut geeignet für kleine Kinderhände sind Waffeln, Muffins, Kekse. Oder aber Sie entscheiden sich für ein erfrischendes Obstbuffet. An heißen Tagen ist Eis am Stiel ein absoluter Hit. Aber auch Pikantes wie Pizza, Würstchen oder in Stiften dekorativ angerichtete Gemüserohkost kommt immer gut an. Als Durstlöscher gefragt sind Wasser, Früchtetee, Saft oder Saftschorle.

Bei aller Vorbereitung auf das Fest sollten Sie bedenken, dass immer die Kinder die Hauptpersonen sind. Lassen Sie die Kleinen so viel wie möglich selber machen oder den Großen helfen. Hier geht es nicht um Perfektion, sondern um den Spaß und die Begeisterung, die Kinder dabei haben. Und nicht zuletzt lernen sie auch noch eine Menge dabei.

# Heut hab ich Geburtstag

Schon das Einjährige zeigt sich beeindruckt vom Licht der Geburtstagskerze und der Überraschung, die es aus dem knisternden Papier auspackt. Gerne kostet es auch vom leckeren Geburtstagskuchen. Von einer Feier mit Gästen hat das Baby noch nicht allzu viel. Lieber steht es bei Mama und Papa im Mittelpunkt.

Das zweijährige Kind ist bereits eine kleine Persönlichkeit und kann das Geburtstagsfest schon bewusster genießen. Ist das Kind dann drei, so verknüpft es schon Erwartungen mit diesem Tag. Es weiß, dass sein Geburtstag etwas ganz Besonderes ist. Geburtstagskrone, Geburtstagsthron, Kerzenkranz, Geburtstagskuchen und kleine Geschenke zeigen dem Kind: „Heute ist mein Tag!".

Für die Entwicklung des Kindes ist es wichtig, dass es hin und wieder im Mittelpunkt steht. Die Erfahrung, nicht nur eines unter anderen zu sein, sondern einmalig und unverwechselbar, stärkt sein Selbstvertrauen und lässt Selbstbewusstsein wachsen. Feiert das Kind mit anderen Kindern, so reichen zwei bis drei organisierte Spiele. Die meiste Zeit wollen Kinder in diesem Alter noch frei spielen.

*Festgestaltung*

Der Geburtstagskalender gibt darüber Auskunft, wer heute Geburtstag hat. Zu erkennen ist für jeden das Geburtstagskind an seiner Krone oder seinem Kränzchen. Voller Stolz kann es einen Finger mehr an seiner Hand vorzeigen, wenn es nach dem Alter gefragt wird. Seit dem letzten Jahr ist es deutlich gewachsen und die Eltern oder Betreuer/-innen in einer Kindergruppe können messen, wie viele Zentimeter es größer geworden ist und dies auf einer Messlatte eintragen.

Gerne helfen einige Kinder bei den Vorbereitungen. Eine eigene Geburtstagstischdecke, besonderes Geschirr, das nur am Geburtstag aufgedeckt wird und Tischschmuck gestalten die Tafel besonders festlich. Für das Geburtstagskind sind so viele Kerzen angezündet wie alt es wird. Ein kleines Geburtstagsgeschenk liegt bereit. Damit es das kleine Kind selbst auspacken kann, wird es in buntes Papier eingerollt und nicht zugeklebt. Da Kinder Geheimnisse und Überraschungen lieben, befindet sich das Geburtstagskind während der Vorbereitungen in einem anderem Raum. In einem geschmückten Wäschekorb oder einem Bollerwagen wird es zu den Gratulanten gebracht, wo es mit einem Geburtstagslied und Glückwünschen empfangen wird. Und da bei allen Kindern Handpuppen beliebt sind, können auch diese als Gratulanten auftreten. Vielleicht verewigen Sie zu diesem besonderen Anlass Händchen und Füßchen des Geburtstagskindes mit einem Abdruck in einem Album der Erinnerungen. Bevor alle den leckeren Kuchen genießen, bläst das Geburtstagskind noch die Kerzen aus.

## Geburtstagskalender: Fotogalerie

Eine Fotogalerie informiert über alle Geburtstage im Jahr. Hat ein Kind dann Geburtstag, wird das Foto abgenommen und an die Eingangstüre gehängt. So wissen alle: „Maxi hat heute Geburtstag."!

**Das brauchen Sie:**
Fotos der Kinder (10 x 15 cm), Bastelwellpappe, Fotokarton, Bastelkleber, Glimmer, Goldfarbe, Pinsel, Schere, selbstklebender Bildaufhänger, Permanent-Stift.

**So wird's gemacht:**
Die vorgestanzte Breite der Wellpappe in zwei Streifen von 15 cm Länge und in zwei Streifen von 20 cm Länge schneiden. Pappstreifen zum Rahmen zusammenfügen und mit Kleber an den Ecken fixieren. Die Kinder verzieren den Rahmen mit etwas Glimmer oder mit goldener Farbe. Dazu etwas Kleber aufstreichen und Glimmer aus der Tüte darüberstreuen oder mit dem Pinsel Goldfarbe auftupfen. Nach dem Trocknen, Fotokarton auf 15 x 20 cm zuschneiden und hinter den Rahmen kleben. Dazu Kleber nur am Rand entlang führen und eine Seite zum Hineinschieben des Fotos offen lassen. Auf den unteren Rand des Fotos Namen und Geburtsdatum des Kindes schreiben. Foto in den Rahmen schieben und hinten am Rahmen Aufhänger anbringen. Fotogalerie in Augenhöhe der Kinder an der Wand platzieren.

# Kasperl gratuliert

Bevor das Geburtstagskind in seinem Bollerwagen empfangen wird, begrüßt Kasperl die anwesenden Gäste.
Kasperl: „Kinder, ich freu mich ja so. Ich freu mich riesig, sooo riesig! Hüpfen könnt ich vor Freude, weil ich heute mit euch Geburtstag feiern darf. Tri tra trullala, tri tra trullala, tri tra trullala, hurra! Liebe Kinder, wer hat denn heute überhaupt Geburtstag?"
Kinder: „Maxi *(Name des Geburtstagskindes)* hat heute Geburtstag."
Kasperl: „Kinder, wisst ihr denn, wie alt Maxi heute wird?"
Kinder: „Maxi wird ... Jahre alt." *(Die Jahreszahl wird an den Fingern abgezählt.)*

Kasperl: „Dann wollen wir den Maxi hereinholen und ihm zu seinem Geburtstag gratulieren. Wer von euch will mich denn begleiten? *(Wählen Sie zusammen mit Kasperl drei bis vier Kinder aus, die mit Rasseln und Schellen ausgestattet, Maxi im Bollerwagen oder im Korb in den Raum bringen.)*
Kasperl gratuliert und fragt das Geburtstagskind, wie alt es geworden ist. Evtl. lässt er sich die Jahreszahl an den Fingern abzählen. Er stellt auch fest, dass Maxi seit dem letzten Jahr ordentlich gewachsen ist. Deuten Sie dies mit den Händen an. Kasperl kann den Kindern auch davon berichten, was Maxi schon alles kann.
Kasperl: „Kinder, jetzt wollen wir alle zusammen dem Geburtstagskind Maxi ein Geburtstagslied singen: *Der Maxi hat Geburtstag.*"

## Der Maxi hat Geburtstag

nach der Melodie „Alle meine Entchen", Text: Eva Reuys

1. Der / die ... hat Geburtstag,
   trallalalala.
   Wir wolln dir gratulieren,
   darum sind wir da.

2. Wir wünschen alles Gute,
   trallalalala.
   Wir wünschen dir das Beste,
   darum sind wir da.

3. Wir wollen heute feiern,
   trallalalala,
   leck'ren Kuchen essen,
   darum sind wir da.

## Geburtstags-Bollerwagen

Schmücken Sie den Handwagen mit aufgeblasenen Luftballons, Krepp-papierstreifen oder Geschenkbändern in verschiedenen Farben. Legen Sie ein oder mehrere Kissen hinein, damit das Kind bequem sitzt. Selbstver-ständlich gehört auch der Bollerwagen zu den Geburtstagsüberraschun-gen und so darf das Geburtstagskind ihn erst sehen, wenn es darin abge-holt wird. Begleitet von einigen Kindern, wird es zum Klang von Schellen und Rasseln in das festlich vorbereitete Zimmer gebracht und mit einem Geburtstagslied von allen beglückwünscht.

## Geburtstags-Schaukel

Nehmen Sie dafür einen Wäschekorb, an den Sie rundherum möglichst viele aufgeblasene Luftballons binden. Damit das Geburtstagskind bequem sitzen kann, legen Sie ein oder mehrere Kissen hinein. Nun wird das Kind im Korb getragen oder dieser wird auf einem fahrbaren Unter-satz (Rollbrett) geschoben. Empfangen wird das Geburtstagskind mit einem Geburtstagslied und dann im Korb sanft hin- und hergeschaukelt.

## Schaukellied: Maxi hat Geburtstag

nach der Melodie „Hoch soll er / sie leben", Text: Eva Reuys

1. Maxi hat Geburtstag,
   Maxi hat Geburtstag,
   oh, wie schön.

2. Auf in die Schaukel,
   auf in die Schaukel,
   das macht Spaß.

3. Alles hat ein Ende,
   alles hat ein Ende,
   oh, wie schad.

# Geburtstagskrone aus Filz

**Das brauchen Sie:**
Für die Krone: 4 mm starken Filz (60 x 15 cm), Maßband, Klettverschluss (10 cm), Glasperlen, Borte, Nadel, Faden.
Für die Schablone: Karton, Lineal, Stift, Schere.

**So wird's gemacht:**
Die Krone aus Filz gelingt Ihnen leichter, wenn Sie zuvor eine Schablone aus Karton herstellen. Dazu den Kopfumfang des Kindes messen, den Kartonstreifen aber um einen Kronenzacken verlängern. In Höhe von 7 cm eine Hilfslinie mit dem Stift ziehen und mit Hilfe des Maßbandes und Lineals gleichbreite Zacken aufmalen.
Schablone auf den Filz übertragen und Krone ausschneiden. Unter jeder Zacke eine Perle und am unteren Rand der Krone entlang eine Borte festnähen. An den beiden Enden der Krone Klettverschluss quer anbringen, damit eine Größenverstellung möglich ist. Darauf achten, dass der erste und letzte Zacken übereinander liegen.

# Geburtstags-T-Shirt

An seinem Ehrentag trägt das Kind ein T-Shirt, das allen die Zahl der erreichten Jahre groß und unübersehbar anzeigt.

**Das brauchen Sie:**
Kinder-T-Shirt, Stoffrest (16 x 23 cm), Glitzersteine zum Aufbügeln, Schere, Nähzeug, Nähmaschine.

**So wird's gemacht:**
Das T-Shirt vor dem Anbringen der Applikation einmal durchwaschen. Aus dem Stoff die Zahl „zwei" oder

„drei" ausschneiden, mit Stecknadeln an die Vorderseite des T-Shirts heften und mit Zickzackstich rundum annähen. Glitzersteine nach Herstelleranleitung auf die „Zahl" aufbügeln.

**Hinweis:**
Wenn Sie das T-Shirt ein paar Nummern größer auswählen, passt es allen Kindern in der Spielgruppe und es kann auch über der Kleidung getragen werden.

## Haarkranz

### Das brauchen Sie:
3 Krepppapierstreifen (je 4 cm breit, 180 cm lang) in verschiedenen Farben, Maßband, Tacker, Schere.

### So wird's gemacht:
Die Streifen nebeneinander legen und nach 60 cm Länge einen lockeren Knoten machen. Ab da aus den Krepppapierbändern einen ca. 50 cm langen Zopf flechten. Ist er so lang, dass er als Kränzchen auf den Kopf passt, das Ende mit den offenen Streifen durch den Knoten ziehen. Alle sechs Bänder mit dem Tacker am Knoten fixieren und auf die gewünschte Länge kürzen.

## Wassergarten

Schwimmkerzen sind auch schon für die Kleinsten geeignet. Füllen Sie eine große Glasschüssel mit Wasser und setzen Sie entsprechend dem Alter des Kindes zwei oder drei Schwimmkerzen hinein. Im Wasser können einzelne Blüten und Blätter rund um die Kerzen schwimmen. Eine wahre Augenweide ist auch ein „Mini-Seerosenteich". Stecken Sie dazu jeweils den Stängel eines Gänseblümchens durch ein beliebiges grünes Blatt und setzen Sie die kleinen „Seerosen" dann in das Wasser.

## Kuchen: Geburtstagszug

Dieser Zug ist zum Vernaschen fast zu schade. Mit einem Fertigkuchen aus dem Supermarkt können auch unerfahrene Bäcker/-innen in kurzer Zeit ein kleines Kunstwerk schaffen.

**Zutaten für 1 Lok mit Waggon (12 Stück):**
1 Sandkuchen (500g, etwa 25 cm lang), 2 Tafeln Vollmilchschokolade (je 100 g), 8 runde Kekse mit etwa 4 cm Durchmesser, 4 Mini-Waffelröllchen mit Schokoladenglasur, 1 Mini-Mohrenkopf, Zuckerschrift.

**So wird's gemacht:**
Den Kuchen in der Mitte senkrecht durchschneiden. Aus dem einen Teil wird die Lok, aus dem anderen der Waggon. Für die Lok aus einer Hälfte ein viereckiges Stück herausschneiden, so dass eine „Schnauze" entsteht. Die Schokolade im warmen Wasserbad schmelzen. Den Zug damit rundherum bestreichen. Die runden Kekse als Räder an Lokomotive und Hänger in die noch warme Masse drücken.
Die Waffelröllchen ein wenig kürzen und als Stoßdämpfer vorne an die Lok und hinten an den Waggon drücken. Den Mohrenkopf als Schornstein auf die Lok setzen.
Glasur etwas antrocknen lassen und mit Zuckerschrift Fenster auf den Zug malen. Wer will kann auch noch den Namen des Geburtstagskindes unter das Fenster des Lokführers schreiben.

# Has, Has, Osterhas

Frühlingsblumen, Krokusse, Osterglocken und Tulpen künden es an: Der Frühling ist da! Erste Blattspitzen sprießen an den Zweigen, alles grünt und blüht, die Vögel zwitschern und bauen ihre Nester. Wohin man auch schaut: Überall regt sich das Leben und auch die Kinder stürmen wieder hinaus ins Freie. Große und Kleine genießen die ersten warmen Tage und freuen sich auf den Beginn der wärmeren Jahreszeit.

Ostern ist ein Fest der Freude. Alle Ostersymbole wie Hase, Henne und Ei, Eier suchen, Ostergras und Osterspaziergang sind Ausdruck dieser Freude über das neu erwachende Leben. Für die christlichen Kirchen ist Ostern das wichtigste Fest im Kirchenjahr. Nach der Fastenzeit und der Karwoche, die an das Leiden und Sterben Jesu Christi erinnert, wird in der Osternacht seine Auferstehung gefeiert. Für Christen in der ganzen Welt ist dies ein Anlass zur Freude und zum Feiern.

## Osterfeier

Holen Sie sich den Frühling ins Haus mit Primeln, Narzissen, Gänseblümchen oder anderen Frühblühern. In dekorative Schalen oder Körbe gepflanzt sind sie farbenfrohe Blüteninseln in den Räumen. Zum Osterfest gehören auch die von den Kindern bunt bemalten Eier, die nach und nach an Zweige gehängt wurden. Ein weiterer Blickfang sind die von der Decke baumelnden großen Ostereier aus Karton und die im Raum aufgestellte Osterpyramide.

Das Wichtigste ist für die Kleinen natürlich das Suchen der Ostereier. Und gemeinsam mit anderen Kindern macht dies besonders viel Spaß. Das große Osternest hält in seinem Versteck für jedes Kind eine österliche Überraschung bereit. Doch bevor es so weit ist, haben alle ihre Freude am Fingerspiel vom Osterhasen und dem Lied vom „Osterhäschen, Schnuppernäschen".

Meist haben die Osterhasen in den Tagen vor dem Fest viel zu tun. Da kann es schon einmal geschehen, dass sie auf ihrem Weg das eine oder andere vergessen oder verloren haben. Auf ihrer Suche entdecken die Kinder immer wieder einmal ein buntes Ei, ein kleines Küken, geformt aus einer dicken gelben Wattekugel, eine Handvoll Ostergras oder sogar den Osterhasen selbst, dessen lange Ohren aus einer Spielzeugkiste herausschauen. So hat jedes Kind irgendein Fundstück in der Hand, das für die Feier noch gebraucht wird. Aufgeregt folgen die Kinder der Spur und entdecken schließlich voller Freude das riesige Nest in einem Weidenkorb. Gemeinsam wird es in den Gruppenraum getragen, wo sich alle darum versammeln. Nachdem Stoffhasen, Küken und all die anderen Dinge ausführlich bewundert wurden, finden diese ihren Platz rund um das Osternest. Dann kommt der von den Kindern sehnlichst erwartete Augenblick. Jedes Kind darf sich einen gebackenen Osterhasen und ein paar Schokoladeneier aus dem Korb nehmen. Am Ende werden alle Stoffhasen, Küken und die anderen Fundstücke in das Nest gegeben und sind so noch Tage danach dekorativer Blickfang.

# Großes Osternest im Weidenkorb

**Das brauchen Sie:**
Einen großen Weidenkorb mit Henkel, Krepppapierstreifen in zwei Farben, getrocknetes Ostergras, Klebeband, Zeitungspapier, ein Tuch, für jedes Kind: einen gebackenen Osterhasen mit Ei, ein bis zwei Schokoladeneier und eine Papiertüte.

**So wird's gemacht:**
Wickeln Sie um den Henkel abwechselnd die beiden Krepppapierstreifen und befestigen Sie Anfang und Ende mit Klebeband. Legen Sie als erstes in den Korb geknülltes Zeitungspapier, welches Sie mit dem Tuch bedecken. So können die etwas schwereren Schokoladeneier später nicht auf den Boden sinken. Nun schichten Sie das Ostergras ein und verteilen die Hasen und die Schokoladeneier in dem Korb. Fürs Mitnehmen nach Hause halten Sie für jedes Kind eine Papiertüte bereit. Während der Osterfeier erhält jedes Kind seinen Osterhasen und die Schokoladeneier. Wenn kein Weidenkorb zur Verfügung steht, sind ein Einkaufskorb oder ein Wäschekorb, durch dessen Öffnungen Ostergras und kleine Zweige gesteckt werden, eine Alternative.

# Bunte Hasenfamilie

Hasenkissen in unterschiedlicher Größe sind schnell genäht. In der Osterzeit sind sie ein dekoratives Element und auch noch lange Zeit danach ein Spielzeug zum Knuddeln, sich Daraufsetzen oder -legen.

**Das brauchen Sie:**
Filz in drei verschiedenen Farben (2 mm stark) oder festen bunten Baumwollstoff, 300 g Styropor-Granulat, 2 m Kordel, 3 verschieden große Glöckchen, Papier, Schere, Stecknadeln, Nähmaschine.

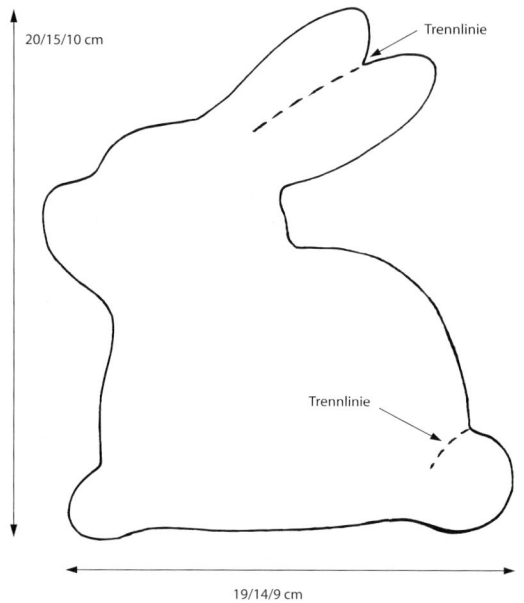

20/15/10 cm

Trennlinie

Trennlinie

19/14/9 cm

**So wird's gemacht:**
Schnittmuster nach den Maßen für den großen Hasen auf Papier aufzeichnen und ausschneiden. Den Stoff doppelt legen und die Teile für den Hasenkörper mit 0,5 cm Nahtzugabe zuschneiden. Danach die Schnittmuster wie in der Zeichnung angegeben für den mittleren Hasen um 5 cm verkleinern. Stoffteile zuschneiden und weiter so verfahren beim kleinen Hasen. Jeden einzelnen Hasen so anfertigen:
Die beiden Stoffteile mit Stecknadeln zusammenstecken und rundherum zusammennähen, dabei die Trennlinien bei den Ohren und am Schwanz mit absteppen. Am unteren Rand eine Öffnung lassen, durch die Sie jeweils soviel Füllmaterial hineingeben, dass die Hasen eine plastische Form erhalten. Die Öffnung zunähen und an der Naht entlang den Filz rundherum schmalkantig abschneiden. Die Kordel in drei passende Teile schneiden. Auf jede Kordel ein Glöckchen aufziehen und um den Hals des jeweiligen Hasen zur Schleife binden.

## Osterpyramide

Aus ein paar Blumentöpfen und Topfuntersetzern kann man eine Pyramide bauen, die österlich dekoriert wird.

**Das brauchen Sie:**

1 neuen Blumentopf aus Ton im Durchmesser von 11 cm und
1 Topf im Durchmesser von 7 cm, 3 Untersetzer aus Ton von je
31 cm, 21 cm und 15 cm Durchmesser, 1 Stumpenkerze und
Dekorationsmaterial wie Heu oder Buchs, naturbelassene
weiße, braune, gesprenkelte Eier, Hase oder Henne aus
Ton, eventuell Klebepistole.
Natürlich kann die Pyramide auch bunt gestaltet werden.

**So wird's gemacht:**

Auf den großen Topfuntersetzer von 31 cm Durchmesser
kommt der Topf von 11 cm Durchmesser mit der Öffnung nach oben. Auf diesen Topf wird der Untersetzer
von 21 cm Durchmesser gestellt. Darauf findet der zweite klei-
nere Topf mit der Öffnung nach unten seinen Platz. Wiederum darauf
kommt der kleinste Untersetzer, auf dem die Kerze platziert wird. Die
Pyramide bekommt mehr Stabilität, wenn Sie die Teile mit der Klebepistole verbinden. Nun werden die Schalen nach Wunsch dekoriert.

# Bunt beklebte Ostereier aus Pappe

Wenn das Bemalen von Eiern noch schwer fällt, haben die Kleinen mehr
Spaß an diesem Angebot. Schneiden Sie aus Pappe unterschiedlich große
Eiformen aus und legen Sie Reste von Geschenkpapier bereit. Von die-
sen schneidet oder reißt das Kind Streifen und Schnipsel ab und beklebt
damit das Ei auf beiden Seiten. Mit einem Faden versehen, kann das Ei
zusammen mit anderen von der Decke baumeln. Papp-Eier in kleinem
Format eignen sich gut als Schmuck für einen Osterstrauch oder als
Geschenkanhänger.

## Eier färben

Für kleine, noch ungeübte Hände eignen sich Styropor- oder Watteeier gut, da diese nicht zerbrechen können.
Die Kinder tauchen ihre Finger in Schalen mit Fingerfarben – pur oder gemischt mit Sand oder Kleister. Dann betupfen oder bemalen sie rundherum das Ei.

## Konfetti-Eier

Konfetti-Eier sehen bunt und fröhlich aus. Es macht Spaß, sie herzustellen und die Technik ist denkbar einfach! Auch hier können für die ganz Kleinen Styroporeier verwendet werden.

### Das brauchen Sie:
Ausgeblasene Eier, Konfetti, Schuhschachtel, Bastelkleber.

### So wird's gemacht:
Den Schachtelboden mit Konfetti bedecken. Das Ei mit Kleber vollständig bestreichen und in die Schachtel legen. Ei durch Hin- und Herbewegen der Schachtel herumkullern lassen, bis die Oberfläche mit Konfetti bedeckt ist.

## Handdruck „Henne mit Ei"

Zur Dekoration von Wandbildern, Einladungs- und Grußkarten schon für kleine Kinder gut geeignet.

### Das brauchen Sie:
Farbiges Tonpapier in Grün oder Blau, weiße Finger- oder Malfarbe, Filzstifte in Orange, Rot, Blau, Heu und Klebstoff.

**So wird's gemacht:**

Die Kinder bemalen eine Hand mit weißer Farbe und drucken diese mit gespreizten Fingern nach oben auf das Papier. Der Daumen wird zum Kopf, Schnabel und Augen werden mit Filzstiften dazu gemalt. Ein Fingerabdruck am unteren Rand des Papiers wird zum Ei. Mit Klebstoff das Heu als Boden oder Nest aufkleben.

# Fingerspiel: Has, Has, Osterhas

Has, Has, Osterhas,
hoppelt froh durchs grüne Gras,
läuft in alle Ecken,
will etwas verstecken.
Hier ein Nest und dort ein Nest,
Kinder, wird das heut ein Fest!

Hanne Viehoff

**Spielanregung:**

Die rechte Hand stellt den Hasen dar: Fingerkuppen von Daumen, Ringfinger und kleinem Finger zusammenlegen; sie bilden die Schnuppernase des Osterhasen. Durch leichtes Öffnen und Schließen der Fingerkuppen können Sie das Mümmeln des Hasen andeuten. Zeigefinger und Ringfinger aufstellen; sie bilden die Ohren, die mit Hasenohren aus Filz *(Anleitung siehe nächste Seite)* noch anschaulicher werden.

*Hoppeln, laufen*: mit dem Unterarm und der Hand entsprechende Bewegungen machen;

*etwas verstecken*: rechte Hand so unter der linken Hand verschwinden lassen, dass die Ohren noch ein wenig herausschauen. Bei der letzten Zeile klatschen alle in die Hände.

# Hasenohren für das Fingerspiel

Aus einem kleinen Rest von braunem Filz sind schnell zwei Hasenohren angefertigt. Sie werden auf Zeige- und Ringfinger aufgesteckt – fertig ist der Osterhase!
Die vier Teile aus Filz zuschneiden. In die beiden vorderen Teile je eine Falte 3 cm lang und 1 cm tief einnähen. So erhalten die Ohren eine plastische Form. Nun das vordere und das rückwärtige Teil aufeinander legen, absteppen und rundherum schmalkantig an der Naht entlang den überstehenden Filz abschneiden.

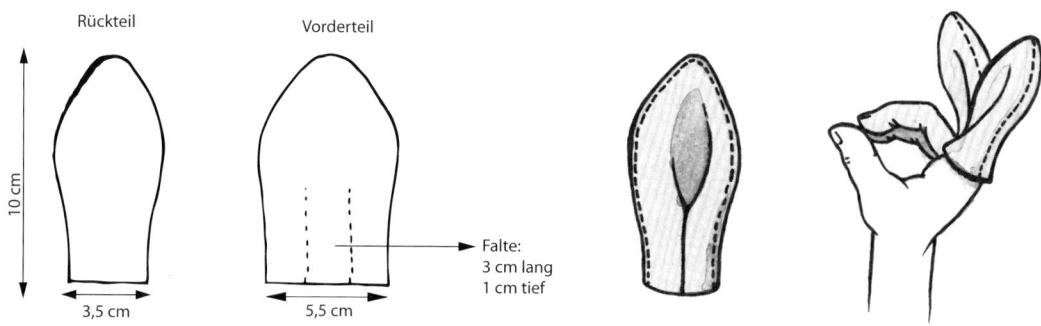

Rückteil   Vorderteil   10 cm   3,5 cm   5,5 cm   Falte: 3 cm lang 1 cm tief

## Osterhäschen, Schnuppernäschen

mündlich überliefert

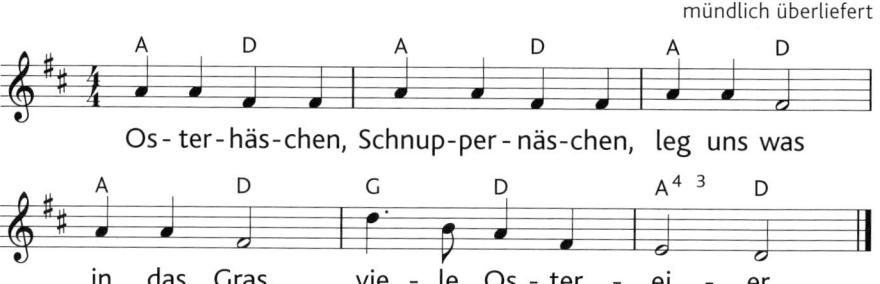

Os - ter - häs - chen, Schnup - per - näs - chen, leg uns was

in das Gras, vie - le Os - ter - ei - er.

# Gebackener Osterhase

Im Osterkorb ist für jedes Kind ein gebackener Osterhase mit einem Ei versteckt, den es mit nach Hause nimmt. Das Gebäck lässt sich einfach zubereiten und die Kinder können bei allen Arbeitsschritten dabei sein und mithelfen.

**Für 12 Hasen aus Hefemürbeteig brauchen Sie:**
400 g Mehl, ½ Würfel Hefe, 200 g zimmerwarme Butter, 100 g Zucker, 1 Prise Salz, Rosinen, 4 Eier für den Teig, 12 Eier für die Hasen, 1 getrenntes Ei zum Bestreichen, Rührschüssel, elektrisches Rührgerät mit Knethaken, Backbrett, Backtrennpapier, Kuchenrolle, Backpinsel, Eierpicker.

**So wird's gemacht:**

Mehl mit Salz und Butter in die Schüssel geben und miteinander vermengen. Hefe zerbröseln, mit dem Zucker vermischt zu dem Mehl geben und die Eier unterrühren. Alle Zutaten mit dem Rührgerät gut verkneten. Teigmischung auf das Backbrett geben und weiter von Hand kneten. Die Hälfte des Teiges etwa 2 cm dick ausrollen und sechs Hasen ausschneiden. Den Bauch des Hasen mit Eiweiß bestreichen, ein Ei hineindrücken und die Arme darüberlegen. Die ganze Form mit verschlagenem Eigelb bestreichen und in das Hasengesicht zwei Rosinen für die Augen und eine Rosine für die Nase eindrücken. Bei Mittelhitze (ca. 180° C) etwa 20 bis 30 Minuten backen und auskühlen lassen. Restlichen Teig auf die gleiche Weise backen.

Die Eier werden roh verarbeitet. Wenn Sie bunte Eier beim Backen verwenden wollen, so legen Sie die rohen Eier für einige Stunden in kalte Ostereierfarbe. Lassen Sie diese dann auf Küchenpapier abtropfen und trocknen. Vor dem Backen einmal in die Luftblase hineinstechen, damit die Schale beim Backen nicht platzt.

# Sommerzeit – Erdbeerzeit

Die ersten Erdbeeren künden es unmissverständlich an: Der Sommer ist da! Was gibt es Schöneres, als nach der langen Zeit von Winter und Frühjahr endlich reife Erdbeeren zu genießen. Zwar erhält man sie inzwischen fast das ganze Jahr; die frischen, womöglich selbst gepflückten, sind aber immer noch die sinnvollste Wahl und schmecken auch viel besser! Da ist ein Erdbeerfest genau das Richtige. Es stimmt Groß und Klein auf den Sommer ein.

## Festgestaltung

Besuchen mehrere Spielgruppen eine Einrichtung, so ist ein Erdbeerfest ein willkommener Anlass, einmal alle Kinder, Eltern und Geschwister, Großeltern und Freunde des Hauses zu einem gemeinsamen Nachmittag einzuladen. Schon lange vor dem Fest wurde die dicke Riesenerdbeere mit den Kindern gestaltet, die jetzt im Eingangsbereich ein unübersehbarer Blickfang ist. Sicher haben die meisten Mütter und Väter schon mitbekommen, was da im Entstehen war die ganze Zeit. So reicht es aus, eine bis zwei Wochen vor dem Fest eine schriftliche Mitteilung am Aushang zu machen und kurz mündlich zu erinnern.

Im Mai oder Juni haben die Kinder ihr Terrassengärtchen mit den Erdbeerpflanzen angelegt. Andere haben mitgeholfen, die Riesenerdbeere anzufertigen. Wieder andere haben Tischdecken und Sets bedruckt oder Wegweiser-Erdbeeren aus rotem Tonkarton ausgeschnitten. Alle Aktivitäten der Kinder wurden fotografiert, die Fotos sollen beim Fest in der Cafeteria aushängen. So erhalten die Besucher eine Vorstellung davon, was die Kinder alles gemacht haben, und diese werden sicher voller Stolz ihren Eltern zeigen und erzählen, wo sie dabei waren.

Einige Tage vor dem Fest geht es ans Vorbereiten all der leckeren Sachen, die auf dem Buffet aufgebaut werden. Wo immer es möglich ist, werden alle Vorbereitungen mit den Kindern gemacht: einkaufen, Erdbeeren waschen, Teig für den Kuchen herstellen, das Tiramisu anrühren, kleine Handreichungen beim Aufbauen des Buffets usw.

Das Fest selbst kann so ablaufen, dass Beginn und Ende flexibel gestaltet werden. Die ankommenden Gäste werden zwar begrüßt, machen sich dann aber selber auf den Weg durchs Haus. Kleine, auf den Boden geklebte Erdbeeren aus Papier, sind der Wegweiser direkt in die „Cafeteria". Hier ist das hübsch angerichtete Buffet mit all den leckeren Sachen gleich der richtige Blickfang. Nach einer ausgiebigen Stärkung wollen sicher die Kinder den Eltern „ihren" Gruppenraum zeigen. In dem einen werden Tischspiele angeboten, in einem anderen Basteln und Malen, in einem weiteren besteht die Möglichkeit mit dem bekannten Spielmaterial zu spielen oder zum Toben und Herumrennen. So kommen alle auf ihre Kosten.

## Terrassengärtchen mit Erdbeeren

Wenn die ersten Erdbeeren in den Geschäften angeboten werden, dann ist die Zeit gekommen, mit den Kindern eine Pflanzaktion zu starten. In der Gärtnerei gibt es Erdbeeren im Blumentopf oder auch vorgezogene Erdbeerstauden zu kaufen. Für ein Erdbeergärtchen brauchen Sie drei bis vier Blumentöpfe aus Ton, wobei jeder Topf eine Hand breit größer sein sollte. Zunächst legen Sie unten in die Töpfe eine Tonscherbe, damit das Gießwasser später gut abfließen kann. Dann werden sie etwa bis zur Hälfte mit Erde gefüllt und ineinander gesetzt. Das größte Gefäß steht zuunterst und das kleinste schließt oben ab – so entsteht ein Turm aus lauter Blumentöpfen. In diese werden nun abwechselnd die Erdbeerpflanzen und weitere Blumenerde gefüllt. Dann brauchen sie nur noch einen sonnigen Platz und regelmäßiges Gießen, um gut zu gedeihen.

Wenn die Kinder vor der Pflanzaktion die Blumentöpfe mit Plakafarbe bunt bemalen, dann leuchten später nicht nur die roten Erdbeeren, sondern auch der ganze Turm.

## Riesenerdbeere

Die dicke Erdbeere ist ein toller Blickfang! Sie ist schnell zusammengenäht, die Kinder können mithelfen beim Einfüllen des Füllmaterials und nach dem Fest noch lange mit ihr spielen. Dann können sie die Erdbeere als Kissen benutzen, sie zusammenknuddeln und als Sitzmöbel verwenden. Die Füllung aus Styropor ist federleicht, vielseitig formbar und maschinenwaschbar.

### Das brauchen Sie:
Roter Baumwollstoff (1,90 m lang, 1,40 m breit), drei Platten grünen Filz (4 mm dick), 900 g Styropor-Granulat (drei Beutel), Papier, Bleistift, Schere, Nähzeug, Stecknadeln, Nähmaschine, Nylonfaden.

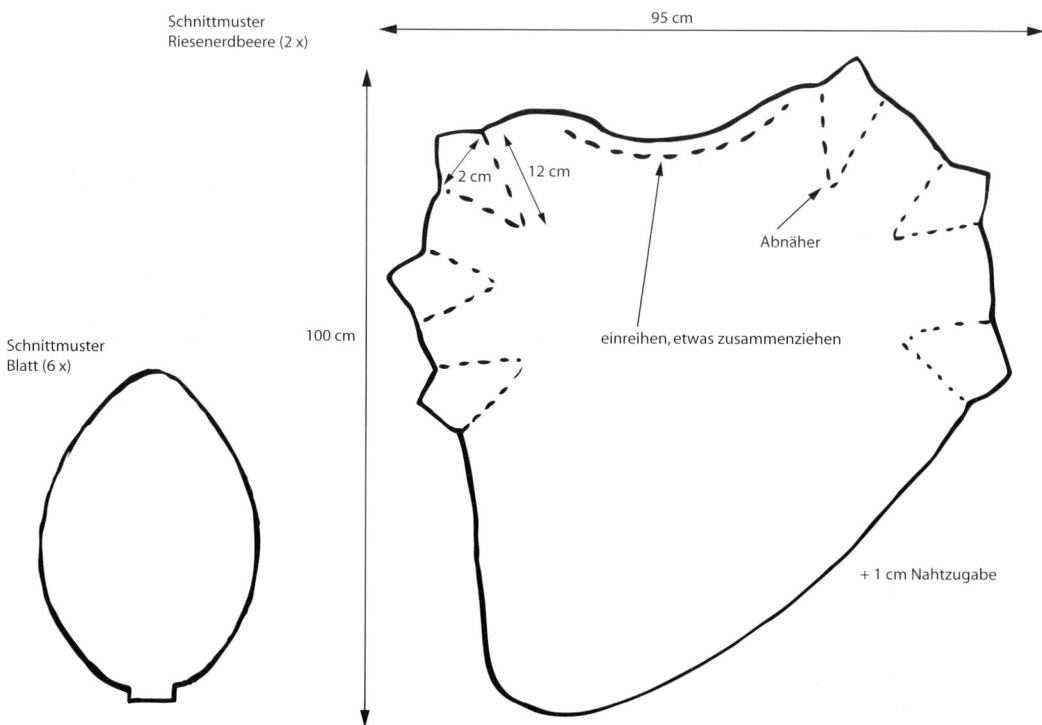

Schnittmuster
Riesenerdbeere (2 x)

95 cm

2 cm    12 cm

Abnäher

100 cm

einreihen, etwas zusammenziehen

Schnittmuster
Blatt (6 x)

+ 1 cm Nahtzugabe

## So wird's gemacht:

Aus dem Papier die Schnitte für Beere und Blatt schneiden. Die Schnitt-
teile auf den Stoff legen und mit 1 cm Nahtzugabe die Teile ausschneiden. Aus dem Filz einen Streifen sowie 6 Blätter zuschneiden. An den
oberen Rundungen der Beere die Abnäher nähen und ausbügeln. Teile für
die Beere rechts auf rechts legen, die Form mit Stecknadeln zusammenstecken und rundherum nähen, dabei am oberen Rand 25 cm offen lassen. Form wenden und durch die Öffnung soviel Füllmaterial hineingeben,
dass die Erdbeere eine runde Form erhält, jedoch nicht zu prall gefüllt ist.
Öffnung von Hand zunähen. Aus dem Filzstreifen eine Schlaufe formen,
diese mit den Blättern von Hand annähen. Riesenerdbeere an einem
Nylonfaden aufhängen.

## Tischdecke und Sets bedrucken

Das ist auch schon etwas für die ganz Kleinen: mit dem Stempel viele rote Erdbeeren auf Papier drucken. So werden Papiertischdecken, Tortendeckchen und Sets verschönert, die in der „Cafeteria" auf den Tischen liegen oder als Dekoration fürs Buffet gebraucht werden. Die Stempel werden von den Erwachsenen vorbereitet. Dazu werden in drei unterschiedlichen Größen drei Erdbeerschablonen aus Papier ausgeschnitten. Die Formen auf Moosgummi übertragen und ausschneiden. Zuletzt die Moosgummiformen mit Alleskleber auf eine leere Dose oder einen passend zugeschnittenen Holzklotz kleben.

## Erdbeerpuzzle

Sie benötigen zwei gleich große, feste Kartons. Schneiden Sie zunächst eine Papierschablone in der Form einer Erdbeere zu und übertragen Sie diese auf beide Kartons. Die Erdbeeren dick mit einem schwarzen Filzstift umranden und innen rot ausmalen. Eine Erdbeere wird nun ausgeschnitten und in acht Teile zerschnitten. Kleineren Kindern fällt es leichter, wenn sie die einzelnen Puzzleteile auf das Bild mit der ganzen Erdbeere legen können. Größere Kinder werden jedoch bestimmt schon ganz allein das Puzzle zusammensetzen wollen. Überziehen Sie alle Teile mit Laminierfolie, so bleibt das Puzzle lange haltbar.

## Erdbeerkuchen

**Das brauchen Sie:**
Für den Hefemürbeteig: 500 g Mehl, 250 g Butter, 125 g Zucker, 1 Würfel Hefe, 2 Eier, 1 Prise Salz.

Für den Belag: 1 kg Erdbeeren, 1 Glas Erdbeermarmelade, 2 Päckchen Tortenguss Erdbeeraroma, ½ l roten Traubensaft.
Material: Papierschablone in der Form einer Erdbeere (etwa 38 cm lang und an der oberen, breiteren Seite etwa 28 cm breit), 2 grüne Papierservietten, Alufolie.

### So wird's gemacht:

Das Mehl mit der Butter verkneten bis feine Streusel entstehen. Die Hefe zerbröseln, mit dem Zucker vermengen und mit den Eiern und dem Salz zur Mehl-Butter-Mischung geben. Den Teig auf dem leicht bemehlten Backbrett etwa 1 cm dick ausrollen und auf das Backblech legen. Jetzt die Papierschablone auflegen, die Form der Erdbeere ausschneiden und den Teig im vorgeheizten Backofen bei 200° (Umluft 180°) etwa eine halbe Stunde backen. Kuchen auskühlen lassen, dann mit der Erdbeermarmelade bestreichen und mit Erdbeeren belegen. Den Tortenguss nach Packungsanweisung herstellen und die Früchte damit übergießen.
Zum Anrichten auf dem Buffet überziehen Sie das Backblech mit Alufolie und legen Sie den Erdbeerkuchen darauf. Zwei grüne Papierservietten oben angelegt, deuten die Blätter an. Bieten Sie zusätzlich einige Torteletts mit anderen Beerenfrüchten an! Nicht jeder mag oder verträgt Erdbeeren.

## Erdbeer-Tiramisu

### Das brauchen Sie für 12 Portionen:

1 Pckg. Schichtkäse, 1 Tüte Vanillepudding, 1 Pckg. Tiramisu-Creme, knapp ¾ l Milch, 100 ml Sahne, 1 Eigelb, 100 g Zucker, 2 Päckchen Vanillezucker, 100 g Marzipan, 375 g Erdbeeren, 1 Pckg. Löffelbiskuit, 1 Glas Erdbeermarmelade, Kakao zum Bestäuben.
Material: elektrisches Rührgerät, Schneebesen, 1 Esslöffel, 1 Gabel, 1 große Auflaufform.

**So wird's gemacht:**
Die Tiramisu-Creme mit Milch und Sahne nach Packungsaufschrift zubereiten und kühl stellen. Den Vanillepudding mit der restlichen Milch und zwei Esslöffeln Zucker aufkochen, vom Herd nehmen und das Eigelb einrühren und etwas abkühlen lassen. Das Marzipan mit einer Gabel zerdrücken, esslöffelweise den noch warmen Vanillepudding zugeben und schaumig rühren. Den Schichtkäse mit dem restlichen Zucker und dem Vanillezucker verrühren, nach und nach den Marzipanpudding dazugeben und zum Schluss die gekühlte Tiramisu-Creme unterrühren.

Nun jeweils die Hälfte aller Zutaten wie folgt in die Auflaufform füllen: mit den Löffelbiskuits den Boden der Form auslegen, darüber die Erdbeermarmelade streichen und die Erdbeeren darüber schichten. Darauf die Creme geben und die zweite Schicht wie die erste zubereiten. Die Auflaufform einige Stunden, am besten über Nacht, in den Kühlschrank stellen und vor dem Anrichten mit Kakao bestäuben.

# Wackelpudding mit Erdbeeren

**Das brauchen Sie:**
2 Päckchen rote Gelatine, 1 l roten Traubensaft, Saft von 1 Zitrone, 12 Erdbeeren, 2 Tüten Vanillesoße, ½ l Milch, 4 Esslöffel Zucker.
Material: 1 Esslöffel, 1 Schneebesen, 1 Topf, 12 Gläser zum Anrichten.

**So wird's gemacht:**
Die Gelatine mit 12 Esslöffeln Traubensaft anrühren und fünf Minuten quellen lassen. Den restlichen Saft mit Zitronensaft mischen, Zucker zugeben und etwas erhitzen (nicht kochen!), dann die gequollene Gelatine einrühren. Die Gläser bis zur Hälfte mit dieser Mischung füllen und sofort in den Kühlschrank stellen. Nachdem die Masse fest geworden ist, je eine Erdbeere darauf legen und die restliche Gelatine-Mischung einfüllen. Den Pudding nochmals kühlen stellen.

Die Vanillesoße nach Packungsaufschrift zubereiten und abkühlen lassen. Vor dem Anrichten auf dem Buffet als oberste Schicht auf die Gläser verteilen.

## Erdbeerbowle für Groß und Klein

### Das brauchen Sie:
300 g Erdbeeren, Puderzucker, ¼ l Himbeersirup, 1 Zitrone, 1 Flasche kohlensäurehaltiges Mineralwasser, 2 Flaschen Bionade „Holunder".

### So wird's gemacht:
Die Erdbeeren halbieren, mit etwas Puderzucker bestäubt in eine große Schüssel geben und ½ Stunde ziehen lassen. Den Himbeersirup mit dem Saft der Zitrone mischen, mit dem Mineralwasser auffüllen und kühl stellen. Direkt vor dem Anrichten auf dem Buffet noch die zwei Flaschen Bionade zugeben, dann perlt die Bowle so wie mit „richtigem" Sekt aufgefüllt.

# Leuchtend gelbe Sonnenblumen

Im Spätsommer leuchten sie uns auf Feldern und Gärten entgegen: Sonnenblumen in allen Größen. Besonders die Kleinsten sind immer wieder fasziniert, wie aus so einem winzigen Kern eine solch große Pflanze wächst. Vier bis fünf Meter hoch kann schon einmal ein einzelnes Exemplar werden. Da bietet es sich an ein Fest zu feiern.

## Sonnenblumenfest

Lange vor dem eigentlichen Fest beschäftigen sich die Kinder schon mit der Sonnenblume. Im März oder April setzen sie Sonnenblumenkerne in einen kleinen Blumentopf, begießen diesen regelmäßig und warten, was geschieht. Mit etwas Glück sind dann bis zum Fest einige Pflanzen groß geworden und bilden einen natürlichen Schmuck an der Hauswand oder am Gartenzaun. Sollte das Experiment nicht so ausgehen wie erwartet, so können Sie noch im Juni vom Gärtner gezogene kleine Sonnenblumen kaufen und diese dann an einen geeigneten Platz umpflanzen. So lassen sich viele Beobachtungen und Erfahrungen rund um das Thema „Sonnenblume" machen.

Bei gutem Spätsommerwetter bietet es sich an, das Fest draußen zu feiern. Tische und Stühle werden so auf die Terrasse gestellt, dass noch ausreichend Platz frei bleibt für Spiel- und Tanzaktionen. Grüne Papiertischdecken schmücken die Tische, so kommen die Tischdekoration mit den schwimmenden gelben Blüten, den bunten Deckeln auf den Saftgläsern und die Muffins im Sonnenblumenkranz gut zur Geltung. Passend zur Dekoration ist an diesem Tag Orangensaft das richtige Getränk für die Kinder. Das alles macht sicher schon einmal richtig Appetit. An einem großen Sonnenschirm baumeln allerlei interessante Dinge, die zum Motto dieses Tages passen. Im Garten haben zuvor die Kinder mitgeholfen, die Spielgeräte mit Krepppapier zu schmücken und in Bäume und Sträucher bunte Bänder gehängt. Ein Planschbecken oder zwei bis drei größere Wannen sind zur Hälfte mit Wasser gefüllt. Auch hier sind einige schwimmende echte Sonnenblumenblüten ein Hingucker. An einer geeigneten Stelle steht eine Fotowand mit aufgemalten Sonnenblumen für ein Erinnerungsfoto. Das Fest startet mit dem Festessen. Nach einer Weile, wenn die ersten Kinder schon etwas unruhig werden, beginnen Sie auf dem Boden des freien Teils der Terrasse die Umrisse einer großen Sonnenblume aufzuzeichnen und mit bunter Pflasterkreide auszumalen. Sicher haben einige Kinder sofort Lust, hier mitzumachen, während andere es vielleicht vorziehen, weiter am Tisch bei ihrer Mama sitzen zu bleiben. Die Form der Blüte sollte so groß sein, dass Kinder und Erwachsene sich später um sie herum gruppieren können. Wenn die leckeren Sachen verspeist sind, ist die richtige Zeit für Spiel und Tanz. Die Kinder ziehen ihre Sonnenblumenkostüme an und finden sich rund um die bunt bekritzelte Sonnenblume ein. Wird das Sonnenblumenlied angestimmt, so wollen sicher auch sofort alle mitmachen beim Tanzen. Nach zwei bis drei Wiederholungen werden die Eltern eingeladen, in der Reihe mitzumachen und ab geht's als fröhliche Polonaise durch den Garten. Flotte Musik vom Band mit bekannten Kinderliedern sorgt für die richtige Stimmung bei Groß und Klein. So geht es vorbei an den geschmückten Spielgeräten oder auch unter diesen hindurch, bis zum Schluss alle, die sich trauen, die Rutsche hinuntersausen. Jetzt bedarf es bestimmt keiner weiteren Aufforderung zum freien Spielen im Garten. Zwischendrin kommen immer wieder mal zwei bis drei Kinder zur Fotowand, wo das Erinnerungsfoto geschossen wird. Oder man findet sich am Planschbecken ein, wo die Kinder ihre Zauberblumen aufs Wasser setzen. Doch alles geht einmal zu Ende und wenn die Musik wieder ertönt oder das Sonnenblumenlied erklingt, werden Kinder und Eltern nach und nach eingesammelt, um wieder in einer Schlange durch den Garten zu ziehen. Dann ist die Zeit gekommen, einige Worte zum Abschied zu sagen. Jedes Kind darf sich noch ein Überraschungspäckchen vom Sonnenschirm auswählen und mit nach Hause nehmen.

## Einladungskarten

Wirklich kinderleicht ist es, die eigene Hand auf dem Karton abzudrucken. Damit daraus am Ende eine dekorative Sonnenblume wird, braucht das Kind Ihre Unterstützung. Die Sonnenblume schmückt die Vorderseite der Einladungskarte oder findet für andere dekorative Ideen Verwendung.

**Das brauchen Sie:**
Weißen Fotokarton DIN A4, Schreibmaschinenpapier, Schere, braune und gelbe Fingerfarben, Filzstift.

**So wird's gemacht:**
Falten Sie den Fotokarton einmal quer, es entsteht eine Doppelkarte. Bestreichen Sie nun die Handinnenfläche Ihres Kindes mit der braunen Farbe und die Finger innen mit Gelb. Nun drückt das Kind die Hand auf dem Karton rundherum mehrmals ab, wobei es mit der Handinnenfläche immer auf der gleichen Stelle bleibt. Die Finger dagegen wandern rundherum bis der Kreis geschlossen und der Abdruck einer Sonnenblume mit gelben Blütenblättern zu sehen ist. Nach dem Trocknen wird noch der

Name des Kindes darunter geschrieben. Auf das Schreibmaschinenpapier schreiben oder kopieren Sie den Einladungstext und kleben ihn auf die Innenseite der Karte.

## Pappteller-Sonnenblumen

Wie auf einem großen Feld sieht es aus, wenn viele Sonnenblumen von der Decke herabhängen – ein hübscher Blickfang für den Eingangsbereich oder für den geschmückten Sonnenschirm.

**Das brauchen Sie:**
Pappteller, gelbes Tonpapier, grünes Satinband, Schere, Kleber, Tacker, Bleistift, braune Fingerfarbe.

**So wird's gemacht:**
Markieren Sie für die Blütenblätter der Sonnenblume auf dem Tonpapier mehrere etwa 14 cm lange Streifen in 7 cm Breite. Etwas geübte Kinder können diese dann schon selbst zuschneiden, wobei es nicht auf ein perfektes Ergebnis ankommt. Die Kinder bemalen die Pappteller innen und außen mit brauner Farbe und kleben nach dem Trocknen rundherum die gelben Blütenblätter an den Tellerrand. Zum Schluss befestigen Sie mit dem Tacker das Satinband und hängen die Sonnenblume an der Decke bzw. am Sonnenschirm auf.

## Schwimmende Sonnenblumen

Die einzelne Blüte einer Sonnenblume in einem Glasschälchen ist eine ansprechende Tischdekoration. Hierfür eignen sich die kleineren Strauchsonnenblumen besonders gut. Vielleicht haben Sie diese in Ihrem Garten oder Sie entdecken sie auf einem Spaziergang mit den Kindern in Ihrer

Nähe an einem Gartenzaun. Bitten Sie den Eigentümer um Erlaubnis zum Pflücken einiger Exemplare. Diese Sonnenblumen wuchern meist sehr stark, so dass es wohl keine Einwände gibt, wenn Sie einige davon mitnehmen. Füllen Sie in einige Kompottschälchen Wasser und geben Sie jeweils eine kurz geschnittene Blüte in ein Schälchen. Sehr dekorativ wirken die Blüten auch mit etwas längerem Stängel in einem großen Einmachglas, das auf den Boden gestellt wird. Dieses wird zu etwa ¾ mit Wasser gefüllt. Die gelbe Blüte schwimmt dann auf der Wasseroberfläche, was in den großen Gläsern besonders hübsch aussieht. Wird das Fest im Garten gefeiert, so sind mehrere solcher Gläser mit Sonnenblumen ein schöner Blickfang.

## Zauberblumen

Wie von Zauberhand berührt öffnen sich die Blüten einer Zauberblume aus Papier, sobald sie auf Wasser gesetzt werden. Dazu bemalen die Kinder Schreibmaschinenpapier auf beiden Seiten mit gelber Wachsmalkreide. Jetzt zeichnen Sie die Umrisse einer Sonnenblume auf das Papier. Beim Ausschneiden helfen sicher auch die Kleinen schon gerne mit. Nun noch in die Mitte ein paar Tupfer mit brauner Fingerfarbe geben, mit einem wasserfesten Filzstift den Namen des Kindes aufschreiben und die Blütenblätter nach innen falten.

## Geschmückte Sonnenschirme
## mit Überraschungspäckchen

Schmücken Sie einen Sonnenschirm mit allerlei bunten Dingen, die zum Motto des Festes passen: z. B. kleine Sandspielförmchen, Eimerchen, Plastikgießkanne, Schaufel, Sieb usw. Jedes Teil wird an eine bunte Schnur gebunden und alle Fäden oben am Schirm befestigt. Dazwischen baumeln kleine bunte Päckchen, die für jedes Kind eine kleine Überraschung bereit halten, z. B. einen Legostein, einen kurzen Malstift, einen kleinen Ball oder Ähnliches. Am Schluss des Festes darf sich jedes Kind ein Päckchen aussuchen und mit nach Hause nehmen. Sollte das Fest wider Erwarten nicht im Freien stattfinden, holen Sie den geschmückten Sonnenschirm ins Haus oder Sie hängen die Dekoration an quer durch den Gruppenraum gespannte Schnüre.

## Viele gelbe Sonnenblumen

nach der Melodie „Fuchs, du hast die Gans gestohlen", Text: Hanne Viehoff

1. Vie-le gel-be Son-nen-blu-men wach-sen auf dem Feld, wach-sen auf dem Feld, dre-hen sich zur Son-ne, leuch-ten in die Welt, dre-hen sich zur Son - ne, leuch - ten in die Welt.

2. Viele Sonnenblumenkinder heut gekommen sind,
   drehen sich im Kreise, drehen sich geschwind.

3. Unser / Unsre liebe / r ... *(Name des Kindes)* zeigt uns, was er / sie kann,
   dreht sich jetzt im Kreise und hängt sich an.

# Tanz der Sonnenblumenkinder

1. Strophe:   Die Kinder stehen im Kreis und deuten mit den Händen eine große Sonnenblume an. Sie legen die Hände an die Hüfte und drehen sich mit dem Körper einmal zur einen, dann zur anderen Seite.
2. Strophe:   An den Händen fassen und in Tanzrichtung im Kreis herumgehen.
3. Strophe:   Die Kinder bleiben stehen. Ein Kind wird ausgewählt, das sich auf der Stelle einmal um sich selbst dreht, bevor es die Hand der Spielleiterin ergreift, um sich anzuhängen.

So weiter verfahren, bis jedes Kind einmal dran war.
Bevor die Polonaise durch den Garten zieht, werden die Eltern eingeladen, mitzumachen. Dies gibt der Reihe mehr Stabilität und die Kinder lassen nicht so schnell los.

# Sonnenblumenröckchen

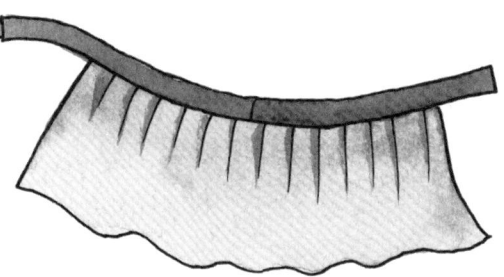

**Das brauchen Sie:**
Eine Rolle grünes und eine Rolle gelbes Krepppapier, Schere, Tacker.

**So wird's gemacht:**
Für den Rockbund schneiden Sie aus dem grünen Krepppapier quer zur Laufrichtung zwei Streifen, je 10 cm breit. Verbinden Sie diese in der Mitte mit dem Tacker, Sie erhalten jetzt einen Streifen von ca. 1 m. Für den Rock schneiden Sie das gelbe Krepppapier einmal in Längsrichtung durch und kürzen es auf 80 cm Länge. Legen Sie das Rockteil auf den grünen Streifen und verbinden Sie beide mit dem Tacker. Bei

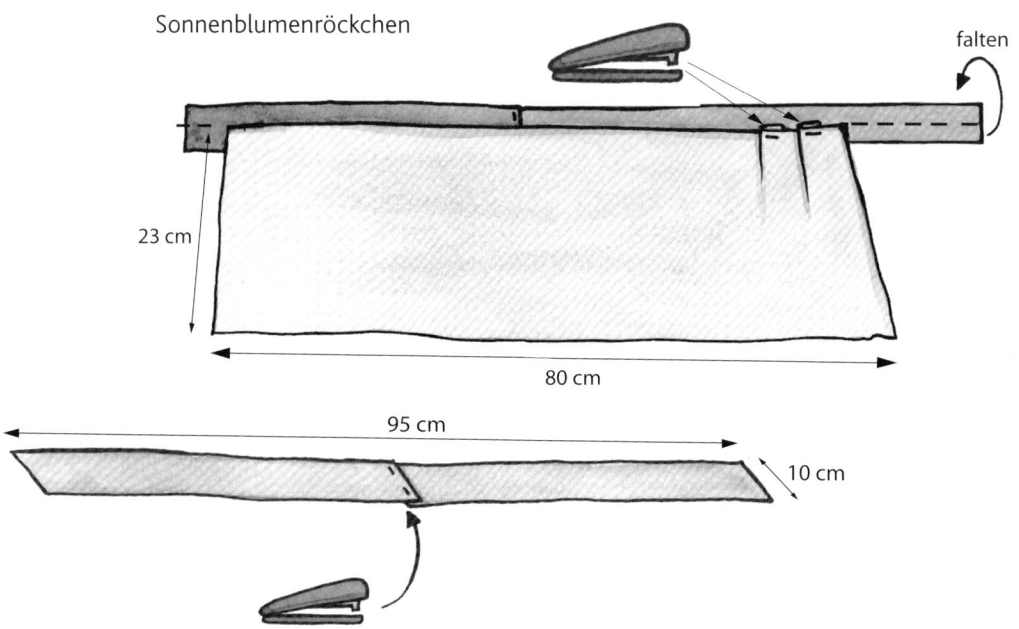

Sonnenblumenröckchen

falten

23 cm

80 cm

95 cm

10 cm

jedem Drücken legen Sie eine kleine Falte in das gelbe Papier. Nun den grünen Streifen einmal in Querrichtung falten und umlegen. Wenn Sie das Röckchen umdrehen, so sind die Klammern nicht mehr sichtbar. Das Anziehen der kleinen Kostüme geht dann ganz schnell: einfach wie eine Schürze vorlegen und die überstehenden Bänder im Rücken zusammenbinden.

## Schokoladen-Muffins

Wenn es ganz schnell gehen soll, nehmen Sie eine Packung Backmischung Schokomuffins aus dem Supermarkt. Diese reicht für 12 Förmchen. Für eine größere Anzahl lohnt es sich jedoch, den Teig selbst herzustellen. Außerdem erleben die Kinder beim Backen alle wichtigen Vorbereitungen und Tätigkeiten von Anfang an mit.

**Für 24 Muffins brauchen Sie:**
200 g Butter, 200 g Zucker, 4 Eier, 500 g Mehl, 6 Esslöffel Kakao, ein Päckchen Backpulver, gut 1/8 l Milch.
Material: elektrisches Rührgerät, Muffin-Backblech, 24 Papierförmchen.

**So wird's gemacht:**
Butter und Zucker schaumig rühren. Nach und nach die Eier, das Mehl mit dem Backpulver, die Milch und den Kakao unterrühren. Füllen Sie nun in jedes Papierförmchen zwei Esslöffel von dem Teig und setzen dieses in die vorgesehene Mulde des Backbleches. Wenn kein Spezialblech vorhanden ist, dann werden je zwei Papierförmchen ineinandergesetzt. Das gibt den kleinen Kuchen mehr Halt. Die äußere Form wird dann vor dem Anrichten entfernt. Backen bei ca. 180°, Backzeit etwa 30 Minuten.

## Sonnenblumenkranz für die Muffins

Ein Kranz aus gelben Blütenblättern verwandelt jeden Schokomuffin in eine kleine Sonnenblume. Viele solcher Sonnenblumen-Muffins sind nicht nur eine hübsche Dekoration auf dem Kaffeetisch, sondern machen auch gleich Appetit!

**Das brauchen Sie:**
Gelbes Tonpapier DIN A4, Bleistift, Schere, Tacker.

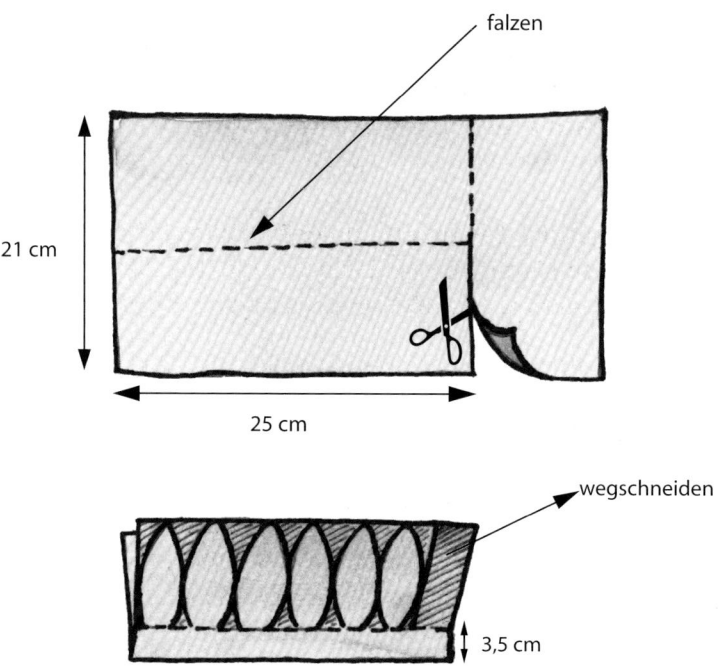

falzen

21 cm

25 cm

wegschneiden

3,5 cm

## So wird's gemacht:

Ein Stück Tonpapier mit den Maßen 25 x 21 cm zuschneiden. Dieses Papier einmal in der Mitte in Querrichtung falten, es entsteht ein Doppelbogen mit den Maßen 25 x 10,5 cm.

Von der geschlossenen Kante aus in 3,5 cm Höhe eine Hilfslinie zeichnen. An der rechten Seite von der Hilfslinie bis nach oben aus dem Doppelbogen einen Streifen von 2,5 x 7 cm wegschneiden (siehe Zeichnung).

Dann von der Hilfslinie aus acht Blütenblätter aufzeichnen und ausschneiden.

Den Papierstreifen zum Ring zusammenlegen, die überstehenden Enden übereinander legen und mit dem Tacker befestigen. Alternativ können auch Einkerbungen, auf der einen Seite von unten, auf der anderen Seite von oben, eingeschnitten werden, die dann ineinander gesteckt werden. Die Blütenblätter nach außen falten und einen Muffin hineinsetzen.

**Tipp:**
Kinder, die schon gut mit der Schere umgehen können, schneiden für die Blütenblätter einfach bis zur Hilfslinie achtmal ein. Die Blätter sind dann zwar nicht ganz so naturgetreu, aber in der Wirkung ergibt sich doch eine Sonnenblume.

## Bunte Deckel für Saftgläser

Die Jahreszeit bringt es mit sich, dass sich an einem Kaffeetisch mit süßen Sachen schnell auch ungebetene Gäste einfinden. Die bunten Deckel für die Saftgläser sind ein lustiger Hingucker, aber gleichzeitig auch ein Schutz vor den Wespen. Schon die Kleinsten können ihren Deckel selber machen. Auf farbigem Fotokarton zeichnen Sie die Umrandung der Gläser nach, die verwendet werden sollen. Im Abstand von etwa 1 cm zeichnen Sie einen zweiten Kreis außen herum. Die Kinder verzieren nun alles mit Wachskreide und schneiden, wenn sie es schon können, die Form an der äußeren Linie aus. Mit einem Locher wird innen ein Loch für den Strohhalm hineingedrückt. In den zweiten Kreis bis zur Anschlusslinie werden nun rundherum Laschen eingeschnitten, geübtere Kinder können das bereits selbst einschneiden. Die entstehenden Laschen umfalten. So entsteht ein Deckel, der das Glas fest abschließt. Schreiben Sie abschließend noch den Namen des Kindes darauf. Das erleichtert während des Festes das Wiederfinden des eigenen Platzes.

# Teddybär, komm tanz mit mir

Der Teddybär gehört neben der Puppe zum liebsten Spielzeug des Kindes. Er ist Freund und Vertrauter und bleibt es nicht selten ein Kinderleben lang. So manches Geheimnis wird ihm anvertraut. Seinem Teddy kann das Kind all seinen Kummer erzählen, sich an ihn kuscheln, wenn es traurig ist, ihm aber auch selbst Trost spenden und damit eigene Ängste abbauen. In der Fantasie des Kindes wird der Stoffbär lebendig und in zahlreiche Rollenspiele integriert.

## Bärenfest

Schon Tage vor dem Fest sind die Kinder eifrig damit beschäftigt aus einem großen Karton und im Wald gesammelten Naturmaterialien ein Bärenhaus zu bauen. Kleine Schuhschachteln, von den Kleinen fantasievoll bemalt oder beklebt, dienen später als Transportmittel für die Teddys. Fleißig helfen einige Kinder am Tag vor dem Fest beim Backen der Kekse und kleinen Kuchen.

Eine Handpuppe, liebevoll „Bärchen" genannt, führt durch das Festgeschehen. „Bärchen" begrüßt die Kinder und all die Teddybären, die heute zu Gast sind.

Für einen schwungvollen Auftakt sorgt ein Tanzspiel, wo „Bärchen" selbstverständlich, wie bei allen anderen Aktionen, mit von der Partie ist. Viel Spaß versprechen die lustigen Versteck- und Bewegungsspiele.

Wird den Kleinen der Festtrubel zu viel, gibt es Rückzugsmöglichkeiten, wie etwa in der Kuschelecke oder im Bärenhaus. Und es wird nicht lange dauern, bis sich die Kinder mit dem bereitgestellten Material und ihren Teddys in das eine oder andere Rollenspiel vertiefen. „Bärchen" kann sich immer wieder zu einem Kind gesellen und sich mit ihm oder seinem Teddy ein wenig unterhalten.

Zum ruhigeren Teil des Festes gehört das gemeinsame Essen, zu dem selbstverständlich alle Teddys und „Bärchen" eingeladen sind. Zuvor haben die Kleinen zusammen mit den Großen sorgfältig den Tisch gedeckt. Tortendeckchen schmücken jeden Platz, größere für die Kinder und kleine für die Bären. Für die Teddys wurde das Puppengeschirr aufgelegt. Sind Puppenmöbel vorhanden, können sich alle Teddys auch da versammeln. Und da Bären und Kinder bekanntlich Süßes lieben, liegen auf den Tellerchen Mini-Muffins. Für die „Bäreneltern" werden noch Bärenkekse auf dem Tisch verteilt. Dazu schmeckt heiße Schokolade oder Früchtetee mit Honig.

Am Ende wird nochmals eines der Tanzspiele wiederholt und alle Kinder und Gäste werden von „Bärchen" herzlich verabschiedet.

## Einladung zum Teddybärenfest

Ein großes Plakat in Gestalt eines Bären weist auf das kommende Fest hin und enthält alle wichtigen Informationen für die Eltern. Ein Vers stimmt auf das Fest ein:

Zu unserem schönen Bärenfeste
sind Teddys unsere lieben Gäste.
Hast du einen Teddybär daheim,
dann bring ihn mit. Das wäre fein!

## Bärchen begrüßt alle Kinder und Teddybären

Bärchen liegt „schlafend" auf Ihrem Schoß. Er ist bis zur Nasenspitze mit einem Tuch zugedeckt und schnarcht ein wenig.
„Kinder, unser Bärchen schläft noch ganz fest, ausgerechnet heute, wo wir doch so ein schönes Fest miteinander feiern wollen. Sollen wir Bärchen aufwecken? Habt ihr eine Idee, wie wir Bärchen wach bekommen?" *(Die Kinder machen Vorschläge, wie wach streicheln oder laut „Bärchen" rufen und setzen diese in die Tat um.)*
„Oh, das Bärchen rührt sich ja schon ein wenig. Aber es ist noch immer nicht ganz wach." *(Die Handpuppe wird ein wenig unter der Decke bewegt.)*
„Kinder, ruft doch noch einmal ganz laut ‚Bärchen aufstehen!'" *(Bärchen schiebt die Decke beiseite und setzt sich langsam, leise brummend, auf Ihren Schoß.)*

Bärchen: „Hoppla, was ist denn hier los? Hier sind ja nicht nur viele Kinder, sondern auch ganz, ganz viele Teddybären. Ich hab noch nie so viele Bären auf einmal gesehen! Ach ja, jetzt fällt es mir wieder ein, wir feiern

ja heute unser Teddybärenfest und ihr habt alle eueren Liebling mitgebracht. Was bin ich doch für eine Schlafmütze! Danke, Kinder, dass ihr
mich aufgeweckt habt. Wäre doch wirklich jammerschade, wenn ich das
schöne Fest verschlafen hätte, wo es doch so lustige Spiele und lecker,
lecker Essen gibt. Kinder, ich freue mich ja so darauf, ihr auch?" *(Die Kinder stimmen dem Bärchen zu.)*
Bärchen: „Kinder, habt ihr mich schon mal brummen hören? *(Die Kinder
äußern sich dazu.)*
Bärchen: „Kann denn euer Teddybär auch brummen?" *(Bärchen brummt
und die Kinder lassen ihren Teddy brummen.)*
Bärchen: „Oh, das ist ja ein richtiges Teddybären-Brummkonzert! Wollen
wir es noch mal gemeinsam versuchen? Erst leise und dann immer lauter
brummen?" *(Geben Sie dabei die Lautstärke vor, die Kinder machen es
nach.)*
Bärchen: „Das war ja bärenstark! Aber, liebe Kinder, ich kann nicht nur
brummen, ich kann noch viel mehr. Ich kann auch tanzen und das recht
gut. Möchtest du, liebe ... *(Ihr Name)* mit mir tanzen?"

## Teddy-Handpuppe

Für Hobbyschneiderinnen ist das Nähen der Teddy-Hand-
puppe ein Kinderspiel. Wenn Ihnen dies zu aufwändig ist,
dann nähen Sie nur das Kleid aus Teddy-Plüsch oder einem
bunten Baumwollstoff ca. 3 cm größer als angegeben und
stecken einen passenden Bären so hinein, dass die Ärmel von den
Puppenarmen ausgefüllt sind und der Bärenkopf oben heraus-
schaut. Nur noch das Taschentuch gefaltet um den Hals binden
und Sie können Ihre Hand in das Kleid hineinführen, den Bären
am Rücken halten und das Spiel kann beginnen. Das „Bärchen"
führt sie durchs Fest und kann auch später für viele Spiele zum
Einsatz kommen.

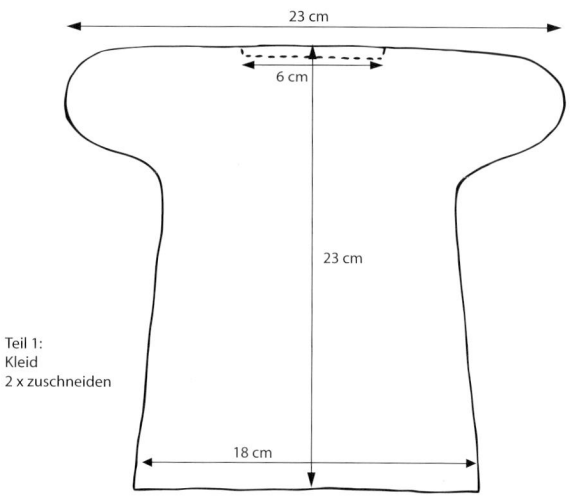

Teil 1:
Kleid
2 x zuschneiden

23 cm

6 cm

23 cm

18 cm

## Das brauchen Sie:

30 cm Teddy-Plüsch, ein buntes Taschentuch, 1 Styroporkugel (ca. 8 cm Durchmesser) mit Loch zum Einstecken des Zeigefingers, etwas Schafwolle oder Watte, zwei Glasaugen, ein Teil für die Schnauzenspitze, Nähnadel, Stecknadeln, Schere, weißes Transparentpapier, schwarzen Filzstift, Nähmaschine.

## So wird's gemacht:

Das Transparentpapier auf die Zeichnung legen und mit dem Filzstift alle Schnittmusterteile einschließlich der Markierungen abzeichnen. Vergrößern Sie diese dann auf dem Kopiergerät in 370% Vergrößerung (in mehreren Schritten vergrößern, z.B.: um 100% – 100% – 170%) und schneiden Sie alle Teile aus. Diese dann auf den Stoff legen und alle Teile mit 1 cm Nahtzugabe in der entsprechenden Anzahl zuschneiden.

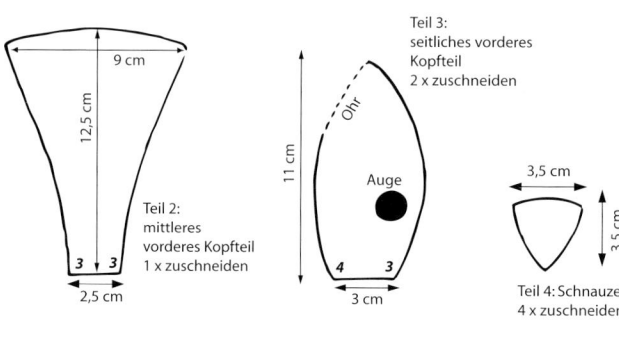

9 cm

12,5 cm

Teil 2:
mittleres
vorderes Kopfteil
1 x zuschneiden

3    3

2,5 cm

Teil 3:
seitliches vorderes
Kopfteil
2 x zuschneiden

Ohr

11 cm

Auge

4    3

3 cm

3,5 cm

3,5 cm

Teil 4: Schnauze
4 x zuschneiden

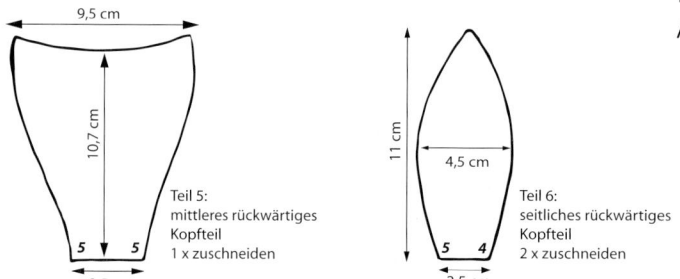

9,5 cm

10,7 cm

Teil 5:
mittleres rückwärtiges
Kopfteil
1 x zuschneiden

5    5

3,5 cm

11 cm

4,5 cm

Teil 6:
seitliches rückwärtiges
Kopfteil
2 x zuschneiden

5    4

2,5 cm

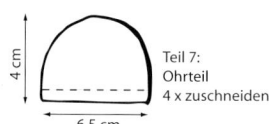

4 cm

6,5 cm

Teil 7:
Ohrteil
4 x zuschneiden

Zuerst die beiden Ohren nähen: Teile rechts auf rechts legen und die Rundung abnähen; Ohrenteile wenden und die offenen geraden Kanten auf 4 cm einreihen. Alle weiteren Teile rechts auf rechts legen, mit Stecknadeln zusammenstecken und mit einem mittleren Zickzackstich direkt an den Schnittkanten entlang nähen. Dabei den oberen Halsausschnitt des Kleides offen lassen und an den markierten Stellen der Kopfteile die beiden Ohren mitfassen. Beim Kopfteil darauf achten, dass die in der Zeichnung angegebenen Zahlen zusammenpassen und die obere Kopfnaht für das spätere Einschieben der Styroporkugel offen bleibt. Teile für die Schnauze zusammennähen, mit Schafwolle oder Watte füllen und von Hand an den Kopf annähen. Die Schnauzenspitze mit einigen Stichen und die Augen an den markierten Stellen annähen. Die Styroporkugel so in den Kopf einfügen, dass das Loch zum Einstecken des Fingers nach unten zum Halsausschnitt zeigt und die Kopfnaht von Hand zusammennähen. Halsausschnitt des Kleides einreihen und den Kopf von Hand an das Kleid nähen. Untere Saumkante 1 cm nach innen schlagen, mit Zickzackstich versäubern und absteppen. Das Taschentuch diagonal falten und wie ein Nickituch um den Hals binden.

## Teddybär, komm tanz mit mir

nach der Melodie: Brüderchen, komm tanz mit mir

Teddybär, komm tanz mit mir,
beide Hände reich ich dir.
Einmal hin, einmal her,
rundherum, das ist nicht schwer.

Ei, das hast du gut gemacht,
ei, das hätt ich nicht gedacht.
Einmal hin, einmal her,
rundherum, das ist nicht schwer.

Noch einmal dasselbe Spiel,
weil es mir so gut gefiel.
Einmal hin, einmal her,
rundherum, das ist nicht schwer.

Eröffnen Sie den Tanz mit Bärchen. Die Kinder schauen zu und klatschen dazu im Grundschlag in die Hände. Danach tanzen alle mit ihrem mitgebrachten Teddybär wie im Text vorgesehen.

## Bärenhaus

Ein Bärenhaus lädt Bärenmütter und Bärenväter zu fantasievollen Rollenspielen mit ihrem Liebling ein.

### Das brauchen Sie:

Außengestaltung: großer Karton, Wellpappe, Teppichmesser, Naturmaterialien wie Flechten, Moos, flache Rindenstücke, Laub, Farbe, breiter Malerpinsel, Bastelkleber, Klebeband.
Innenausstattung: Fell oder weiche Decke, mehrere kleine Kissen.
Für das Rollenspiel:
Korb mit kleinen Tüchern für Tischdeckchen oder zum Zudecken und Bekleiden der Stoffbären, Puppengeschirr, verschieden große Schachteln, zu verwenden als Hocker, Tisch und Bettchen für den Teddy.

### So wird's gemacht:

Der Karton wird mit einigen Handgriffen in ein Bärenhaus verwandelt. Eine Türe, groß genug für die Kinder zum Hineinschlüpfen und Fenster ausschneiden. Karton oben öffnen, die Klappen zum Dachgiebel aufstellen und mit Klebeband fixieren. Wellpappe in der entsprechenden Größe zurechtschneiden und als Dach aufkleben. Vielleicht wollen die Kinder das Dach vorher noch anmalen. Mit den im Wald gesammelten Naturmaterialien gestalten die Kleinen dann die Außenwand des Bärenhauses. Richtig gemütlich wird das Bärenhaus, wenn Sie den Innenraum mit einem Fell oder einer Decke und Kissen auslegen. Jetzt fehlt nur noch das

Spielmaterial für das Rollenspiel, das erst am Festtag als kleine Überraschung für die Kinder bereitliegt.

**Variation:**
Wenn Sie keine Naturmaterialien verwenden, kann das Bärenhaus nach den Vorstellungen der Kinder bemalt werden, sei es mit den Händen oder mit großen Pinseln.

## Was Teddy alles kann

Gemeinsam mit dem Teddybär machen nachfolgende Übungen doppelten Spaß. Das vertraute Kuscheltier gibt dem Kind Sicherheit und motiviert es zum Mitmachen und Nachahmen.

*Hopp, hopp, hopp*
Nach dem bekannten Lied „Hoppe, hoppe, Reiter" oder „Hopp, hopp, hopp, Pferdchen, lauf Galopp" bewegen Sie das Kind auf ihren Knien auf und ab und lassen es am Ende mit einem sanften Plumps zu Boden gleiten. Dann nimmt das Kind seinen Schmuseliebling auf den Schoß und lässt ihn darauf reiten.

*Reiten*
Gehen Sie in den Vierfüßlerstand. Das Kind setzt sich auf ihren Rücken und reitet darauf. Danach wird der Teddy zum Reiten auf den Rücken des Kindes gelegt. Damit dieser nicht herunterfällt, muss es sich ganz vorsichtig bewegen.

*Karussell*
Halten Sie das Kind unter den Achseln und schwingen Sie es im Kreis herum, bevor dieses das Gleiche mit seinem Teddy macht.

*Fliegen*
Nehmen Sie das Kind in die Arme und werfen Sie es ein wenig in die Luft und fangen es wieder auf. Nun wirft dieses seinerseits seinen Teddy in die Luft und versucht ihn zu fangen. Wenn dieser dabei auf dem Boden landet, macht das nichts.

*Schaukel*
Großen Spaß macht es der Bärenmama oder dem Bärenpapa selbst in einer Decke geschaukelt zu werden, bevor das Kuscheltier dran ist.

## Schaukellied: Großer Bär und kleiner Bär

Mündlich überliefert

Gro - ßer Bär und klei - ner Bär, schau - keln hin und schau - keln her, bim, bam, bum.

## Teddybär versteckt sich

Jeweils ein Kind versteckt seinen Teddybär im Raum. Anfangs helfen noch die Erwachsenen bei der Suche nach einem geeigneten Versteck. Vielleicht ist dieses so gewählt, dass der Teddy ein wenig daraus hervorschaut und so leichter gefunden werden kann. Wenn die Kinder noch sehr klein sind, eignen sich zum Verstecken auch Töpfe, Schüsseln, Eimer, die mit der Öffnung nach unten im Zimmer verteilt sind. Schon die Jüngsten haben ihren Spaß daran, unter die Töpfe zu schauen. Und die Freude ist besonders groß, wenn es seinen Teddybären dort entdeckt. Da heute ein Fest gefeiert wird, hat dieser noch einen Bärenkeks in den Pfoten.

## Teddybär fährt in die weite Welt

Kinder, die gerade laufen können, ziehen gerne ein Spielzeug hinter sich her. Diesmal darf sich der Teddy in den von den Kindern liebevoll gestalteten Schuhkarton setzen, der mit einer langen Kordel zum Ziehen versehen ist.

**Das brauchen Sie:**
Schuhkarton, Kleister, bunte Papierschnipsel oder Fingerfarben, Schnur, Lochzange, leere Papprolle (Haushaltspapier), Handsäge, Fellreste oder kleines Kissen.

**So wird's gemacht:**
Den Schuhkarton nach Belieben bemalen oder mit Papierschnipseln bekleben. Von der Haushaltsrolle die Hälfte absägen. Sie dient später als Griff und wird ebenfalls bemalt oder beklebt. Nach dem Trocknen an der Schmalseite des Schuhkartons zwei Löcher nebeneinander anbringen. Den „Griff" auf die Schnur fädeln, beide Kordelenden durch die Löcher im Karton ziehen und diese an der Kartoninnenseite verknoten. Mit Fellresten oder einem kleinen Kissen die Schachtel auspolstern.

**Spielanregung:**
Während es den Kleinsten genügt, den Teddy einfach hinter sich herzuziehen, haben die älteren Kinder vielleicht mehr Spaß an einer Teddybär-Rallye. Eine Ziellinie wird ausgehandelt und wenn Sie eine Trillerpfeife

haben, benutzen Sie diese als Signal für den Start. Unter dem Motto „dabei sein ist alles" werden keine Gewinner gekürt.

**Variation:**

Wenn Sie einen größeren Karton oder einen Wäschekorb als Gefährt auswählen, kann das Kind mit seinem Teddy selbst darin Platz nehmen. Einmal eingestiegen werden beide von Ihnen auf möglichst glattem Boden durch den Raum gezogen oder geschoben. Als Hilfe für besseres Rutschen kann auch ein Tuch oder eine Decke untergelegt werden.

## Bärenkekse

### Das brauchen Sie:

50 g Butter, 175 g feiner Zucker, 2 Eier, 1 Päckchen Vanillezucker, 4 Esslöffel Milch oder Sahne, 500 g Mehl, ½ Päckchen Backpulver, 2–3 Esslöffel Kakao, Backpapier.
Material: Plätzchenausstecher in Bärenform.

### So wird's gemacht:

Schaummasse rühren aus Butter, Zucker, Vanillezucker und ganzen Eiern. Milch oder Sahne zugeben. Mehl mit Backpulver gesiebt sowie Kakaopulver unterrühren und Teig gut durchkneten. Den Teig messerdick ausrollen, die Bärenkekse ausstechen und auf das mit dem Backpapier belegte Blech legen und bei mittlerer Hitze (ca. 180° C) 10 bis 15 Minuten backen.

## Bärchen-Muffins

Zum Motto des Festes passen die Mini-Muffins mit Gummibärchen. Die Kinder können mithelfen, den Teig herzustellen, indem sie die abgewogenen Zutaten in die Rührschüssel geben und zum Schluss mit dem Kochlöffel den Teig kräftig umrühren. Das Einfüllen in die kleinen Papierförmchen besorgt dann besser ein Erwachsener, während die Kinder zum Schluss wieder tätig werden können: Der Erwachsene gibt einen Teelöffel flüssige Glasur auf einen Muffin und das Kind setzt ein Gummibärchen oben drauf. Zur Dekoration wird je ein Bärchen-Muffin auf ein kleines Tortendeckchen gesetzt.

**Für ca. 40 Mini-Muffins brauchen Sie:**
100 g Butter, 100 g Zucker, 1 Päckchen Vanillezucker, 1 Prise Salz, 2 Eier, 125 g Mehl, 1 gehäufter Esslöffel Speisestärke, ½ Päckchen Backpulver, 50 g gemahlene Mandeln, 1 Packung Schokoladenglasur Vollmilch, 1 Tüte Gummibärchen.
Material: elektrisches Rührgerät, 1 Kochlöffel mit Loch oder Schneebesen, 2 Teelöffel, Papierförmchen (2,6 cm Durchmesser).

**So wird's gemacht:**
Butter, Zucker und Salz schaumig rühren, abwechselnd die beiden Eier mit dem mit Speisestärke und Backpulver vermischten Mehl unterrühren. Zum Schluss die Mandeln unterheben. Je einen Teelöffel Teig in ein Muffinförmchen geben und die Muffins bei mittlerer Hitze (ca. 180° C) etwa 20 bis 30 Minuten backen. Die Mini-Muffins bleiben besser in Form, wenn Sie jeweils zwei Papierförmchen ineinander setzen. Nach dem Abkühlen wird die äußere Papierform entfernt. Nun einen Teelöffel von der aufgelösten Kuchenglasur auf jeden Muffin geben, und ein Gummibärchen obenauf setzen.
Wenn Sie für die Erwachsenen auch einige große Muffins backen wollen, so geben Sie die Hälfte des Teiges in die kleinen und die andere Hälfte in die größeren Papierförmchen. Sie erhalten dann 20 Mini- und sechs normal große Muffins.

# Horch, der Herbstwind weht

Der Sommer verabschiedet sich langsam, es wird kühler draußen und an manchen Tagen können die Kinder nicht einmal mehr auf den Spielplatz gehen. Da klatscht der Regen gegen das Fenster oder der Wind fährt durch die Bäume und lässt die Blätter herabwirbeln. Dann wieder kommen ein paar sonnige Tage, die uns ein letztes Mal ins Freie locken. Und was gibt es da für die Kleinen nicht alles zu entdecken: stachelige grüne Kugeln fallen vom Baum herab und heraus springen glänzende braune Kastanien. Ein Bauer fährt mit dem Traktor seine Runden, um den letzten Mais zu ernten, danach liegt das Feld abgeerntet da. Im Garten bei den Großeltern gibt es vielleicht noch einen Apfelbaum. Im Handumdrehen ist ein Korb voller Äpfel gesammelt, aus denen sich viele leckere Sachen zubereiten lassen.

## Herbstfest

Die Tage im Herbst sind wie geschaffen für allerlei Aktivitäten im Gruppenraum. Mit den Fundstücken aus der Natur wird gebastelt und gespielt.

Alles das ist Anlass genug, die Eltern oder auch Großeltern einmal an einem Nachmittag einzuladen, um ihnen zu zeigen, was ihre Kleinen schon alles gemacht haben.

Fast immer gibt es nach den Sommerferien viel Neues für die Kindergruppe, da sollte das Fest nicht zu aufwändig gestaltet werden. Bei einem gemütlichen Beisammensein an einem Nachmittag erleben Eltern ihr Kind in der Gruppe. Für die Kinder läuft alles wie gewohnt: nach der Mittagsruhepause setzen sie sich an ihre Tische, die heute besonders hübsch gedeckt und mit Blättern, Kastanien und kleinen Sträußchen mit Astern geschmückt sind. Nach und nach kommen die Gäste in den Gruppenraum und gesellen sich zu den Kindern. Der Duft von frisch gebackenen Waffeln macht den ersten Ankommenden schon Appetit. Die Kinder trinken warmen Kakao oder einen Früchtetee, für die Erwachsenen gibt es natürlich Kaffee und Tee. Draußen im Garten flattern bunte Stoffgirlanden, Bänder und Tücher um die Wette, Glitzerspiralen drehen sich und aufgehängte Plastikbeutel blähen sich im Wind.

Nach dem Kaffeetrinken versammeln sich Groß und Klein im Stuhlkreis und hören die Geschichte vom Wind und der Regenwolke. Leiten Sie dann über zum Lied „Horch, horch, der Herbstwind weht", wobei sich zum Schluss eine lange Schlange gebildet hat, in der alle – auch die Erwachsenen – eine Runde drehen. Singend geht es durch den Raum, vorbei an den Tischen, die nun zu kleinen Basteleien oder zu einem Tischspiel einladen. Die Kinder wählen aus, ob sie ein Regenschirm-Puzzle zusammensetzen, Wimpel und Fähnchen bedrucken oder Drachen basteln wollen. Und natürlich machen bei allen Aktionen die Eltern mit! Das Fest klingt aus mit Spiel und Spaß im Garten. Hier lassen die Kinder ihre Fähnchen im Wind flattern und die Drachen „steigen" oder sie laufen durch die im Wind tanzenden Tücher.

## Einladungsbrief

In Handschrift verfasst und von jedem Kind mit einem Fingerdruck „unterschrieben" erhält der Brief eine ganz besondere persönliche Note.

Liebe Mama und lieber Papa,
heute möchte ich Euch dazu einladen, mich in meiner Kindergruppe zu besuchen. Dann könnt Ihr sehen, was wir den ganzen Tag über alles so machen und wir haben viel Zeit miteinander zu spielen, zu singen und zu basteln. Ihr werdet staunen, was ich schon alles kann! Und damit es so richtig gemütlich ist, gibt es heiße Getränke und leckere Waffeln für alle. So, jetzt braucht Ihr nur noch zu kommen am … um … Uhr. Ich freue mich darauf.
Dein/e
*(Fingerdruck und daneben der Name des Kindes)*

## Was Wind und Regenwolke sich erzählen

Ich bin der Wind und bin der Stärkste hier im Land! Huhu, pfeife ich rund ums Haus. Hui, hui, weht es durch die Straßen und über die Felder! Wenn ich komme, dann schließen alle die Türen und Fenster zu, damit ich nicht auch noch ins Haus komme. Denn wenn ich so richtig blase, dann wird es kalt. Hui, hui, blase ich und rüttle und schüttle an den Bäumen. Dann fallen alle Blätter ab und ich lasse sie vor mir her tanzen und über die Straße wirbeln. Hui, hui, mache ich. Jetzt wissen die Kinder: Nun müssen wir unsere dicken Anoraks anziehen und die warmen Mützen auf den Kopf setzen. Dann geht es ab nach draußen. Was gibt es da nicht alles zu entdecken! Die Kinder laufen mit mir um die Wette, rennen den wirbelnden Blättern nach und versuchen sie zu fangen. Und sie freuen sich über die bunten Blätter: Da gibt es gelbe, rote, grüne, braune. Die nehmen sie mit und legen sie zuhause auf die Fensterbank.

Und nochmals bläht der Wind seine Backen auf und bläst und bläst. Huhu, hui, hui! So geht es, wenn der Wind bläst!

Da kommt die Regenwolke daher und sagt: Das ist doch gar nichts! Ich bin die Größte weit und breit! Ich komme von weit her und ziehe übers Land. In meinem dicken, runden Bauch bringe ich viele, viele kleine Regentröpfchen mit. Und wenn ich es will, dann lasse ich sie alle zur Erde hinunterpurzeln. Da rennen die Kinder von der Straße und vom Spielplatz zurück nach Hause und rufen: „Es regnet, es regnet, wir werden ja ganz nass!" Und sie müssen aufhören, mit den Blättern zu spielen und um die Wette zu rennen. Manchmal hört es gar nicht mehr auf zu regnen! Dann müssen Kleine und Große ihre Gummistiefel anziehen und einen Regenschirm aufspannen, wenn sie nicht nass werden wollen. Ganz dick und grau bin ich geworden, so dick, dass die Sonne keinen Platz mehr am Himmel hat. Da macht es keinen Spaß mehr, draußen zu spielen.

Die Kinder wissen an manchen Tagen gar nicht, was sie noch alles spielen sollen, so langweilig wird ihnen im Haus. Dann möchten sie nur noch eins: dass die Sonne wieder kommt und ein paar warme Strahlen auf die Erde schickt. Und sie stehen hinter der Fensterscheibe in ihrem Zimmer und rufen: „Sonne, Sonne, komm doch endlich wieder!" Wenn sie dann endlich da ist, was meint ihr, wollen die Kinder dann am liebsten machen? Natürlich nur noch eins: nach draußen zum Spielen!

Hanne Viehoff

## Gestaltungsvorschlag:

Größere Kinder können schon in der Kreismitte Wind, Regenwolke und Sonne spielen und die entsprechenden Bewegungen dazu machen. Bei den Kleinen ist es genug, wenn sie bei Mama oder Papa auf dem Schoß sitzen und die ruhige Atmosphäre genießen. Um die Geschichte etwas wirkungsvoller erzählen zu können, begleiten Sie Wind, Regenwolke und Sonne mit Orff-Instrumenten.

**Wind:** Xylophon oder Glockenspiel mit einem Schlegel
*Huhu und hui:* mit dem Schlegel von den tiefen zu den hohen Tönen in schneller Folge über das Instrument streichen (Glissando)
*vom Baum fallende Blätter:* einzelne Schläge von den hohen zu den tiefen Tönen
*tanzende Blätter:* einfache Melodie eines Kinderliedes oder einige Takte Tanzrhythmus
*wirbelnde Blätter:* Glissando hinauf und hinunter auf den hohen Tönen

**Regenwolke:** Handtrommel
*dicke Regenwolke:* mit der Handfläche über das Instrument reiben
*einzelne Regentropfen:* mit einem Finger oder Schlegel einzelne Schläge
*es regnet:* alle Finger in schneller Folge hintereinander

**Sonne:** Triangel, einzelner, verklingender Ton

## Regen, Regen, wir sind pitschenass

Text und Musik: Hanne Viehoff

Re - gen,    Re - gen,   wir sind pit-sche - nass!

Re - gen,    Re - gen,   das macht kei - nen    Spaß!

2. Sonne, Sonne, lass uns nicht allein!
   Sonne, Sonne, komm zu uns herein!

## Spielanregung:

1. Strophe:   Zur 1. Zeile klatschen die Kinder, zur 2. Zeile stampfen sie.
2. Strophe:   Bei der 1. Zeile die Arme nach oben zum Himmel strecken, zur 2. Zeile beide Hände zu sich her bewegen.

# Horch, horch, der Herbstwind weht

Text und Musik: überliefert

Horch, horch, der Herbst-wind weht. Er weht durch Busch und Baum. Er schüt-telt al-le Blät-ter ab, gel-bes Blatt, ro-tes Blatt, grü-nes Blatt, li-la Blatt, brau-nes Blatt, dich auch.

## Spielanregung:

Die Kinder sitzen im Kreis und singen das Lied. Ein Kind ist der Wind und geht im Kreis umher. Bei der Aufzählung der Blätter tippt es jeweils ein Kind an der Schulter an, das sich anhängt. Das Lied wird solange wiederholt, bis alle Kinder in die Schlange eingereiht sind.

71

# Regenschirm-Puzzle

**Das brauchen Sie:**
Fotokarton in mehreren Farben,
Bleistift, Schere, Plakafarben, Pinsel.

**So wird's gemacht:**
Für das Puzzle benötigen Sie 5 Schirme in
gleicher Größe und Form. Nun verzieren Sie
jeden Schirm mit einem anderen Muster, z. B.
Punkte, Streifen, Wellenlinien, Kringel
oder Zickzackmuster. Nach dem
Trocknen wird aus jedem Schirm
ein Stück herausgeschnitten.
Beginnen Sie das Spiel, indem Sie einen Schirm mit zwei
ausgeschnittenen Teilen auslegen. Das Kind sucht das zum
Schirm passende Gegenstück dann aus. Die Größeren wol-
len sicher schon selber alles allein zusammensetzen. Hier breiten Sie alle
Teile durcheinander gemischt auf dem Tisch aus.

# Drachen basteln

**Das brauchen Sie:**
Fotokarton, Krepppapierstreifen (2 cm breit) in verschiedenen Farben,
Schere, Bleistift, Locher, Tacker, dicke Filzstifte oder Wachsmalkreiden,
festen Faden, Hutgummi.

**So wird's gemacht:**
Aus dem Fotokarton wurden zuvor die Formen der Drachen ausgeschnitten. Die weitere Arbeit machen die Kinder: Drachen bunt anmalen,

seitlich und an der unteren Spitze einige Krepppapierstreifen antackern (dabei sollten die Streifen für den Schwanz etwas länger sein als die anderen), in die obere Spitze ein Loch einstanzen, den Faden durchziehen und fest verknoten. Beim Spielen im Garten laufen die Kinder ganz schnell und ziehen ihren Drachen hinter sich her.

**Variante für die kleineren Kinder:**
Anstelle des Fadens wird auf der Rückseite des Drachens von einer seitlichen Spitze zur anderen ein Stück Hutgummi gezogen und fest verknotet. Die Kinder stecken nur noch eine Hand hinein und lassen beim Spielen draußen die bunten Bänder fliegen.
Und für alle, die beim Herbstfest keine Zeit zum Drachen basteln haben: in die Handinnenfläche des Kindes mit wasserlöslichem Filzstift einen Drachen mit Gesicht aufzeichnen. Nun noch einige bunte Krepppapierbänder ums Handgelenk gebunden – und los geht's!

## Fähnchen und Wimpel bedrucken

### Das brauchen Sie:
Weiße Papierservietten, gelbe, rote und grüne Wasserfarbe auf flachen Tellern, grobporige Schwämme, Unterlagen zum Abdecken der Tischplatte, langes, durch den Raum gespanntes Seil, Bambusstäbe oder Rundstäbe (45 cm lang), Tacker.

### So wird's gemacht:
Die Schwämme sind so zurechtgeschnitten, dass kleine Kinder sie gut greifen können. Die Kinder tauchen nun den Schwamm in eine Farbe und drucken ihn mehrmals hintereinander auf dem Papier ab. Danach wird mit einer zweiten Farbe ebenso verfahren. Die Wimpel entstehen, indem

Sie die Servietten einmal diagonal gefaltet über das Seil hängen und an zwei Stellen antackern. Bei den Fähnchen wickeln Sie eine Seite um den Stab und tackern das Papier eng am Stab anliegend an.

## Windspiele im Garten

Richtig herbstlich geht es draußen im Garten zu. Da hängen allerlei bunte Dinge an den Spielgeräten der Kinder, in Bäumen und Sträuchern. Das flattert, dreht sich, bläht sich auf und tanzt, wenn der Wind hineinbläst. Das ist nicht nur ein hübscher Blickfang beim Herbstfest, sondern verschafft den Kindern viele Beobachtungsmöglichkeiten und Spielanreize.

### Glitzerspirale

Schneiden Sie eine Spirale aus Gold- oder Silberfolie aus. Auch Papier mit Alu- oder Goldbeschichtung ist geeignet, wenn die Spirale später unter dem Dach der Terrasse angebracht wird. Dazu wird ein Kreis von ca. 30 cm Durchmesser aufgezeichnet und von außen nach innen wie eine Spirale ausgeschnitten, in das innen liegende Ende wird nun ein Loch hineingestanzt und ein Faden zum Aufhängen durchgezogen. Die Kinder können noch etwas Kleber auf die Spirale geben und Glimmer darüberstreuen. Aufgehängt ist die Glitzerspirale ein hübscher Blickfang im Garten.

### Flatterbänder, tanzende Tücher und aufgeblähte Plastikbeutel

Aus Verpackungsmaterial und Müllbeuteln entstehen die schönsten Windspiele im Garten. Sie flattern und blähen sich auf im Wind, das strahlt und glitzert in der Herbstsonne! Sammeln Sie dazu Luftpolsterfolien und -kissen, kleine und große transparente weiße und farbige Plastikbeutel. Die

Kinder geben etwas Kleber darauf und streuen Glimmer und Pailletten darüber. Auch diese können ohne großen Aufwand sogar von den Kindern selbst hergestellt werden: Mit dem Locher jede Menge Konfetti aus Glanzfolien drücken und in kleinen Körbchen sammeln. Die Plastikbeutel werden mit Klebeband oder dem Tacker an Spielgeräten sowie in Bäumen und Sträuchern befestigt. Schön sieht es auch an einer langen Leine aus, die quer durch den Garten gespannt ist. Mal kann der Wind von unten hineinblasen, mal von der Seite oder von oben. Daneben finden sich Plastikbeutel, in die Fransen hineingeschnitten wurden, sowie lange Bänder oder auch Seiden- und Chiffontücher. Kleine Kinder lieben es, zwischendurch zu laufen und die verschiedenen Materialien auf der Haut zu spüren oder auch einfach nur zuzuschauen, was der Wind alles damit macht.

## Stoffgirlande

Mit einem Vorrat an Stoffresten können Sie diese farbenfrohe Girlande in kurzer Zeit herstellen und damit den Garten oder Raum dekorieren.

**Das brauchen Sie:**
Verschiedene gemusterte Stoffreste, langes 1 cm breites Band, Schere, Nähseide.

**So wird's gemacht:**
Schneiden Sie das Band in der gewünschten Länge ab. Kombinieren Sie ganz nach Wunsch Stoffe mit Blumenmustern, Streifen, Punkten, Karos oder anderen Motiven. Dann schneiden Sie aus den Stoffresten beliebig große Rechtecke oder Dreiecke und nähen diese jeweils in einigem Abstand an der oberen Kante entlang auf das Band. Attraktiv ist ein Wechsel zwischen kleineren und größeren Stoffstreifen. Bei einer langen Girlande können die größten Streifen oder Wimpel bis zu einer Größe von 20 x 30 cm ausgeschnitten werden.

# Zimtwaffeln

Am Vormittag helfen die Kinder mit, den Waffelteig herzustellen. Da zieht schon ein leichter Zimtduft durch die Küche und macht Stimmung für die nachmittägliche Feier.

**Für acht Waffeln brauchen Sie:**
175 g Kokosfett, 175 g Zucker, 3 Eier, 200 g Mehl, 50 g Mondamin, ½ Päckchen Backpulver, 1 gestr. Teelöffel Zimt, Puderzucker in der Streudose.
Material: Schüssel, elektrisches Rührgerät, Waffeleisen, Kuchengitter, größerer Löffel.

**So wird's gemacht:**
Das Fett mit dem Zucker schaumig rühren und nach und nach die Eier unterrühren. Mehl mit Mondamin, Backpulver und Zimt mischen und unter die Masse rühren. Sollte der Teig noch zu fest sein, 1 bis 2 Esslöffel Mineralwasser dazu geben. Waffeleisen anheizen und mit dem Löffel portionsweise den Teig in das Eisen geben und die Waffeln nacheinander backen. Die fertigen Waffeln auf einem Kuchengitter auskühlen lassen oder noch warm servieren. Mit dem Puderzucker bestäuben und evtl. mit geschlagener Sahne servieren.

# Laterne, Mond und Sterne

In der dunklen Jahreszeit, wenn die Tage kälter und kürzer werden, beginnt die schöne Zeit der Laternen und Lichter. Am 11. November ist es soweit. In der Abenddämmerung ziehen Kinder in Begleitung von Erwachsenen durch die Straßen. Stolz tragen sie ihre Laternen und singen Martinslieder in Erinnerung an den mildtätigen und menschenfreundlichen Bischof Martin. Bereits unsere Jüngsten sind fasziniert vom Glanz der Lichter. Bei ersten, kleinen Laternenspaziergängen tragen sie ihre bunt leuchtenden Lampions.

## Laternenfest

Mit Eifer gestalten die Kleinen schon geraume Zeit vor dem Fest das Papier, welches für die Laternen gebraucht wird oder sie helfen dabei, aus schlichten Gläsern wunderschöne Windlichter zu zaubern. Für die Eltern werden Einladungskarten gestaltet und für den kleinen Umzug Laternenlieder eingeübt. Am Tag vor dem Fest duftet es verlockend nach selbstgebackenen Martinsbrötchen oder Weckmännern, die am Ende der Feier verteilt werden. Und zur Probe werden schon einmal die Laternen herumgetragen.

**Laternenspaziergang**

Am Spätnachmittag versammelt sich die Kindergruppe, warm angezogen und mit Laternen ausgestattet, im Haus oder Garten. Es soll genügend Raum vorhanden sein, damit sich die Festgemeinschaft im Kreis aufstellen kann. In dessen Mitte leuchten viele, von den Kindern gestaltete Windlichter. Aus Sicherheitsgründen wird Brandschutzfolie vom Baumarkt darunter ausgebreitet. Die Folie hat noch einen anderen Vorteil. Sie reflektiert das Kerzenlicht und verstärkt es so in seiner Wirkung. Das „Lichtermeer" bleibt selbstverständlich unter ständiger Beaufsichtigung während der Feier.

Laternenlichter werden angezündet oder aber man entscheidet sich für batteriebetriebene Stäbe, die für die Kinderhand sicherer sind. Die Faszination von Kerzenlicht können diese allerdings nicht entfalten. Bevor der kleine, etwa 20 Minuten dauernde Rundgang beginnt, stimmen alle Laternenlieder an. Da die Kleinen ihre ganze Konzentration für das Tragen der Laternen brauchen, ist es nicht sinnvoll beim Umzug zu singen. Die Jüngsten kommen im Kinderwagen mit. Daran kann der Laternenstock befestigt werden. Wieder beim Haus angekommen, versammeln sich alle nochmals um das „Lichtermeer", um gemeinsam zu singen. Fleißige Helfer haben ein Buffet mit heißen Getränken und Martinsgebäck vorbereitet, von dem sich jeder bedienen kann, bevor es nach Hause geht.

## Martinsfeier im Garten

Verfügen Sie über einen größeren Garten, dann bietet dieser in gewohnter Umgebung einen feierlichen Rahmen für eine gelungene Martinsfeier. Dekoriert mit selbst gebastelten Windlichtern und Glaslaternen, die an den Ästen eines Baumes hängen, entsteht eine zauberhafte Atmosphäre. Vielleicht gibt es im Garten bereits eine Feuerstelle, wo das Martinsfeuer entfacht werden kann. Ansonsten tut es auch ein hoher Feuerkorb aus

Eisen, der an sicherer Stelle aufgestellt wird. Achten Sie darauf, nur trockenes Holz zu verwenden.

Die Kinder ziehen in Begleitung der Betreuer und Eltern mit ihren leuchtenden Laternen vom Haus in den Garten, umkreisen die Feuerstelle ein paar Mal und bleiben in sicherem Abstand stehen. Im flackernden Schein der Flammen werden Laternenlieder gesungen. Am Ende der Martinsfeier freuen sich alle über Kinderpunsch, Früchtetee und Selbstgebackenes.

## Einladungskarte „Ein Lichtlein brennt"

Wer mag, kann diese Einladung mit einem angezündeten Teelicht überreichen und so Eltern und Gäste auf das kommende Laternen- oder Lichterfest einstimmen.

### Für eine Karte brauchen Sie:
Blauen Tonkarton DIN A5, kleine Spitzendeckchen aus Papier, Teelicht, Bastelkleber.

### So wird's gemacht:
Karton in der Mitte zu einer Klappkarte zusammenfalten. Spitzendeckchen auf die Vorderseite der Karte kleben und auf dessen Mitte das Teelicht geben und mit Kleber fixieren.

## Laterne

### Das brauchen Sie:
Gold- oder Silberfolie, Milchdosenöffner mit Dorn, Styropor- oder Zeitungsunterlage, Laternenboden, Laternendeckel, Teelichthalter mit Teelicht, Laternenstab, Klebstoff, Schere, Tragebügel.

### So wird's gemacht:

Folienstreifen nach dem Umfang des Laternenbodens zuschneiden. Folie auf die Unterlage legen. Nun kann das Kind mit dem Dosenöffner Löcher in die Folie stechen. Diese dann um den Laternenboden herumkleben und Teelichthalter am Boden anbringen. Den oberen Rand mit dem Laternendeckel verstärken. Tragebügel für Laternenstab anbringen. Für eine Tischlaterne kann auf den Boden und Stab verzichtet werden.

## Glitzer-Windlicht

### Das brauchen Sie:

Marmeladengläser in verschiedenen Größen, weißes Seidenpapier, Tapetenkleister, bunte Pailletten, Glimmer, Teelicht.

### So wird's gemacht:

Das Seidenpapier in viele kleine Stücke zerreißen. Glas mit Seidenpapier bekleben. Dann eine dünne Schicht Kleister auftragen und mit bunten Pailletten und etwas Glimmer bestreuen. Trocknen lassen und ein Teelicht hineinstellen.

### Tipp:

Wenn Sie die Windlichter als Baumdekoration wünschen, legen Sie um jedes Glas am oberen Rand ein Stück Blumendraht und wickeln die losen Enden umeinander. Daran befestigen Sie ein zweites langes Stück Draht als Henkel.

# Ganslampion

Diesen Lampion basteln die Eltern für ihre Kleinen. Er ist einfach herzustellen und sehr dekorativ.

## Das brauchen Sie:

Einen runden weißen Lampion, weißen und roten Fotokarton, schwarzen und gelben Filzstift, Schere, Klebstoff.

## So wird's gemacht:

Kopf- und Schwanzteil jeweils mit Lasche zum Aufkleben auf weißem Fotokarton und Bein und Fuß mit Lasche auf rotem Karton aufzeichnen (siehe Zeichnung). Körperteile ausschneiden, Kopf und Schwanz an den Rand der Laterne kleben. Bein von unten an den Lampion kleben, Augen und Schnabel aufmalen.

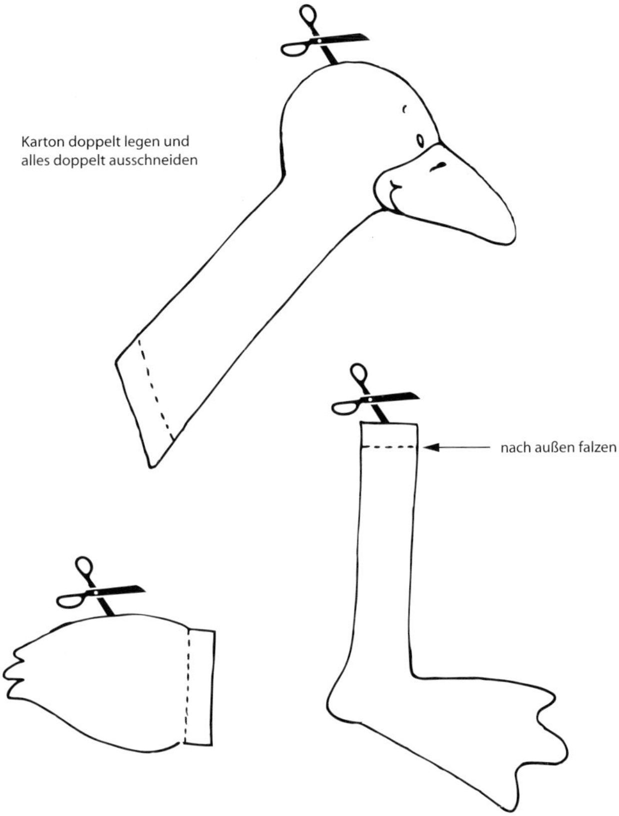

Karton doppelt legen und alles doppelt ausschneiden

nach außen falzen

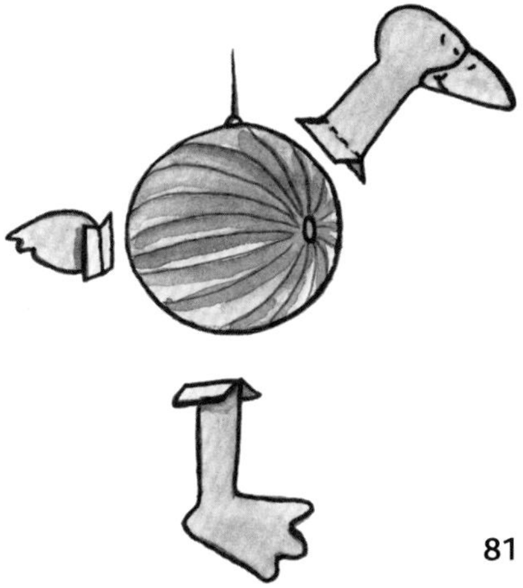

81

# Ich hab eine feine Laterne

Text und Melodie: Horst Weber

1. Ich hab ei-ne fei-ne La-ter-ne, die leuch-tet so hell in die Nacht. Am Him-mel al-le Ster-ne sind auch schon auf-ge-wacht. La-ter-nen-licht, ver-lösch noch nicht, La-tern-chen, leuch-te hell!

2. Ich trag meine feine Laterne
ganz ruhig vor mir her;
ich hab sie ja so gerne,
sie wird mir nicht zu schwer.
Laternenlicht, verlösch noch nicht,
Laternchen, leuchte hell!

Von der Fidula-CD 4427 „Martins- und Laternenlieder", Fidula-Verlag, Boppard/Rhein

# Martinsbrötchen

## Zutaten für den Quarkölteig:
200 g Magerquark, 1 Prise Salz, 6 Esslöffel Milch, 100 g Zucker, 1 Ei, 6 Esslöffel Öl, 400 g Mehl, 1 Päckchen Backpulver, Rosinen, zum Bestreichen ein Eigelb, zum Belegen des Blechs Backtrennpapier.

## Zubereitung:
Den Quark mit Salz, Milch, Öl, Ei und Zucker in einer Schüssel glatt rühren. Rosinen zugeben. Die Hälfte des Mehls mit dem Backpulver zu der Quarkmasse sieben und unterrühren, das restliche Mehl mit den Händen unterkneten.
Aus dem Teig kleine Brötchen formen, evtl. mit einem Messerrücken in der Mitte einkerben, auf Backtrennpapier legen, mit Eigelb bestreichen. Backzeit: 15 bis 20 Minuten, Backtemperatur: 190° C. Mit Hölzchen oder Stricknadel Garprobe machen!

# Advent, ein Lichtlein brennt

Die vorweihnachtliche Zeit hat für Kinder einen ganz besonderen Reiz. Jeden Tag wird der Raum ein wenig mehr geschmückt, bis er zu Weihnachten im festlichen Glanz erstrahlt. Im Haus duftet es nach Kerzenwachs, Tannengrün, Orangen und Plätzchen. Etwas Geheimnisvolles liegt in der Luft und sorgt für eine gewisse Spannung auf das, was da kommt. Wiederholungen, die es nur in der Adventszeit gibt, machen jeden Tag zu etwas Besonderem. Zu den unverzichtbaren Ritualen gehört das Singen von weihnachtlichen Liedern, das Anzünden der Kerzen am Adventskranz und das Öffnen des Adventskalenders. Und dabei erleben die Kinder, wie der Adventskalender, in Gestalt einer Lichterkette, jeden Tag heller und schöner wird. Zu den Höhepunkten gehören der Nikolaustag und das Weihnachtsfest im Familienkreis.

Für die christlichen Kirchen beginnt mit der Weihnachtszeit das Kirchenjahr, in dem als erstes wichtiges Ereignis die Geburt Jesu Christi gefeiert wird. Es wäre schade, wenn diese besinnliche und stimmungsvolle Zeit, durch Hektik und allzu große Aktivität geprägt wäre. Nehmen Sie sich Zeit und die nötige Muße, um mit den Kindern gemeinsam diese Tage zu erleben und zu genießen.

## Adventsfeier

Von der Zimmerdecke baumeln viele Sterne. Angestrahlt von winzig kleinen Glühlämpchen wird daraus ein Sternenhimmel. Transparente Sterne schmücken die Fensterscheiben und auf dem Fensterbrett liegen Tannenzweige und Zapfen. Ketten aus Zitrusfrüchten, Zweige mit Anhängern aus Honigwachs, der Adventskranz und leuchtende Windlichter vervollständigen die festliche Atmosphäre im Raum. Einen besonderen Zauber verbreitet das Kerzenlicht, wenn Sie auf elektrisches Licht während der Dämmerung verzichten. Dies ist auch die Zeit, wo sich alle zu einem gemütlichen morgendlichen Frühstück oder einer Teestunde am Nachmittag treffen. Im Laufe des Vor- oder Nachmittags ist es für alle ein beliebtes Ritual, sich um den Adventskranz zu versammeln. Während sich das Anzünden der Lichter und das Öffnen des Adventkalenders täglich in gleicher Weise wiederholt, sind andere Elemente der Feier beliebig untereinander zu kombinieren oder können weggelassen werden.

Eröffnen Sie die Feier mit einem Fingerspiel oder wählen Sie einen eher meditativen Einstieg, begleitet von dem Lied „Lichtlein, Lichtlein, du sollst wandern". Es folgt das Anzünden der Lichter am Adventskranz, umrahmt von dem Lied „Kleines Licht in meiner Hand". Zunächst werden nur die ersten drei Strophen gesungen, die letzte folgt dann kurz vor Weihnachten. Die Frage, wer wohl heute das Päckchen aus dem Adventskalender bekommt, beschäftigt die Kleinen jeden Tag aufs Neue und gespannt warten sie auf diesen Augenblick. Und zur Freude aller leuchtet wieder ein Licht mehr und lässt die „Lichterkette" von Tag zu Tag heller werden, bis sie an Weihnachten in vollem Glanz erstrahlt.

# Fingerspiel: „Advent, Advent"

Advent, Advent,
ein Lichtlein brennt.
Erst eins,
dann zwei,
dann drei,
dann vier,
dann steht das Christkind vor der Tür.

überliefert

**Spielanregung:**
Zeigen Sie bei jeder Zahl einen Finger Ihrer Hand.

## Kleines Licht in meiner Hand

Text und Melodie: Hanne Viehoff

1. Klei - nes Licht in mei - ner Hand,
leuch - te weit ins gan - ze Land!

2. Kleines Licht an unserm Kranz,
   strahle hell mit deinem Glanz!

3. Kleines Licht in unserm Haus,
   scheine in die Welt hinaus!

4. Viele Lichter hier im Raum
   schmücken bald
   den Weihnachtsbaum.

# Adventskalender-Lichterkette

Dieser Kalender hält nicht nur für jeden Tag eine süße Überraschung bereit. Die Lichterkette wird auch jeden Tag etwas heller, bis endlich alle 24 Lichter erstrahlen.

**Das brauchen Sie:**
24 Joghurt- oder Marmeladengläser, Glasmalstifte auf Wasserbasis in verschiedenen Farben, 24 Teelichter, Süßigkeiten in 24 Säckchen.

**So wird's gemacht:**
Die Gläser säubern und gut abtrocknen. Nun rundherum mit Glasmalstiften bemalen und gründlich trocknen lassen.
Die Gläser mit den kleinen Säckchen füllen und auf einer Fensterbank arrangieren. Jeden Tag ein Teelicht bereithalten. Wenn die Überraschung entnommen wurde, das Teelicht anzünden und in das nun leere Glas stellen.

# Lichtlein, Lichtlein, du sollst wandern

nach der Melodie: Taler, Taler, du sollst wandern

Lichtlein, Lichtlein, du sollst wandern,
von dem einen Kind zum andern.
Oh, wie schön, oh, wie schön,
jeder kann das Lichtlein sehn.

**Spielanregung:**
Eine kleine Glasschale, mit einem Teelicht darin, wird innerhalb des Kreises von den „Großen" herumgetragen. Füllen Sie zuvor ein wenig Sand oder Kieselsteine in die Schale und setzen Sie darauf das Teelicht.

# Sternenhimmel

### Das brauchen Sie:
Feinmaschigen Maschendraht, gelber Karton oder Goldfolie für die Sterne, Nadel und Faden, Lichterkette.

### So wird's gemacht:
Maschendraht an der Decke quer durch den Raum spannen. Die Kinder schneiden jeden Tag, wann sie gerade Lust haben, Sterne aus. Dabei kommt es nicht auf Perfektion an. Auch krumm ausgeschnittene Sterne verfehlen nicht ihre Wirkung. Diese werden mit einem Faden an den Maschendraht gehängt. Jeden Tag werden die Sterne mehr und mehr. Zuletzt, kurz vor dem Weihnachtsabend wird der Betlehemstern mit einem imposanten Schweif dazugehängt. Damit der Sternenhimmel schön glitzert, kann eine Lichterkette dazwischen montiert werden.

# Kette mit Zitrusfrüchten

Zur vorweihnachtlichen Zeit gehört auf alle Fälle der Duft von Orangen. In Scheiben geschnitten und aufgefädelt, sind sie eine schöne Raumdekoration.

### Das brauchen Sie:
Orangen, kleines Küchenmesser, Schneidebretter, Bindfaden, stumpfe Stopfnadel.

### So wird's gemacht:
Orangen vorsichtig in 0,5 bis 1 Zentimeter dicke Scheiben schneiden und dann bei 50° C 1½ bis 2 Stunden im Elektroherd trocknen. Mit einer stumpfen Stopfnadel die getrockneten Orangenscheiben auffädeln und den Raum damit dekorieren.

**Variante:**
Zwischen die Orangenscheiben kurze Stücke Zimtrinde, kleine Buchszweig-
lein und andere passende Dinge aus der Natur fädeln.


## Schmuck aus Honigwachs

### Das brauchen Sie:
Honigwachsplatten, Ausstechformen mit Weihnachtsmotiven, Kordel
oder Schleifenband, Schere, Metallspieß, evtl. grüner Zweig.

### So wird's gemacht:
Die Motive aus den Honigwachsplatten ausstechen, am oberen Rand
des Anhängers ein Loch ausstechen, Band hindurchziehen und verknoten.
Zum Verschenken die Anhänger an einen grünen Zweig binden.

### Variante:
Die Motive auf eine Stumpenkerze aufdrücken.

# Lieber guter Nikolaus

Nikolaus war ein Bischof, der im 4. Jahrhundert in der Stadt Myra lebte. Das liegt in der heutigen Türkei, nahe der Stadt Antalya. Um seine Person ranken sich viele Geschichten und Legenden, die ihn als wundertätigen und hilfsbereiten Menschen schildern. Am bekanntesten ist die Legende von den drei armen Mädchen. Nikolaus warf ihnen in der Nacht drei Goldklumpen durch das Fenster. Dieses Geschenk rettete die Mädchen aus großer Not. Aus der Legende hat sich der Brauch entwickelt, dass Kinder in der Nacht vom 5. auf den 6. Dezember ihre Schuhe vor die Tür stellen oder ihre Strümpfe an den Kamin hängen. Nikolaus legt dann heimlich Süßigkeiten oder kleine Geschenke hinein.

Der Nikolaustag ist für Kinder der Höhepunkt der vorweihnachtlichen Zeit. Tannenzweige, Kerzenlicht, duftendes Kerzenwachs, der Geruch von Äpfeln und Mandarinen, ein festlich geschmückter Raum schaffen eine zauberhafte Atmosphäre.

## Nikolausfeier

Schon Tage vor dem Fest hören die Kinder vom Heiligen Nikolaus und sie blättern in Bilderbüchern, die ihn als Bischof zeigen. Nikolauslieder werden gesungen und der Duft von selbst gebackenen Plätzchen zieht durch das Haus. In aller Heimlichkeit bereiten die Erwachsenen die Nikolaussäckchen vor und schmücken den Holzschlitten mit roten und grünen Bändern. Ist der Schlitten nicht mehr im Gebrauch, kann er zuvor mit Gold- oder Silberfarbe aus der Spraydose veredelt werden und dient so noch viele Jahre als Nikolausgefährt. Auf ihm transportiert Nikolaus dann seine Päckchen für die Kinder.

Ist der mit Spannung erwartete Tag der Nikolausfeier endlich gekommen, werden die Tische zu einer langen Tafel zusammengeschoben und festlich geschmückt. Zu einem langen Band aufgereiht liegen in deren Mitte Tannenzweige, Zapfen, Nüsse, Moos und als kleine duftende Farbtupfer Mandarinen und Apfelteelichter. Lebkuchen und Plätzchen werden auf kleine Teller verteilt und so platziert, dass sich jeder bequem davon nehmen kann.

Sind alle Kinder und Erwachsenen eingetroffen, versammeln sie sich zunächst um den Adventskranz. Die Vorhänge werden zugezogen und die erste Kerze angezündet. So eingestimmt, singen die Kleinen ihre bereits eingeübten Adventslieder und werden dabei kräftig von den Erwachsenen unterstützt. Bevor diesmal der Adventskalender geöffnet wird, hören alle die mit einfachen Worten erzählte Geschichte vom Nikolaus, der heute mit seinem voll bepackten Schlitten die Kinder besuchen kommt.

Sind all die kleinen Lichter im Raum und auf der festlich dekorierten Tafel angezündet, trifft sich Groß und Klein zur gemütlichen Runde bei heißen Getränken und Nikolausgebäck.

Nun kann der „Nikolaus" kommen und alle singen erwartungsvoll: „Bimmelt was die Straß' entlang". Die Kinder sind gespannt, ob Nikolaus auch diesmal Geschenke für sie dabei hat. Warm angezogen machen sich alle auf den Weg in den Garten. Vielleicht hat es sogar etwas geschneit und die Kinder entdecken große Stiefelspuren im frisch gefallenen Schnee. Und es dauert nicht lange, da erblicken die Kinder kleine Dinge, die nur der Nikolaus verloren haben kann: Nüsse, ein glänzend roter Apfel, ein Glöckchen. Aufgeregt folgen sie der Spur und finden schließlich den festlich geschmückten Schlitten, voll bepackt mit Geschenken vom Nikolaus. Ein paar Windlichter setzen das Ganze festlich in Szene. Nachdem alle Säckchen verteilt sind, machen sich Kinder und Eltern auf den Heimweg. Selbstverständlich holt Nikolaus von allen unbemerkt seinen himmlischen Schlitten wieder ab, da er noch viele andere Kinder besuchen und beschenken möchte.

**Variation:**
Falls „Nikolaus" seine Säckchen diesmal nicht auf dem Schlitten vorbeibringt, warten viele bunte Kindersocken darauf, von ihm mit süßen Sachen gefüllt zu werden.

## Nikolaus war ein guter Mann

Nikolaus hat schon als Kind armen Menschen geholfen. Jedes Mal, wenn er aus dem Haus ging, stopfte er seine großen Manteltaschen voll mit Nüssen und Obst, um sie zu verteilen. Besonders gerne ging er zu den Kindern, die nicht so viel zu essen hatten.
Später, als er erwachsen war, wurde er Bischof und konnte noch viel mehr helfen. Aber zu den Kindern ist er auch dann noch immer am liebsten gegangen. Daran erinnern wir uns gerne. Und darum warten auch heute noch alle Kinder gerne auf den Nikolaus, der in seinem Sack Geschenke und Süßigkeiten mitbringt.

# Nikolaussocken-Girlande

Diese fröhliche Sockengirlande bleibt so lange im Raum hängen, bis der von den Kindern lang ersehnte Nikolaustag kommt. Bevor die Kinder an diesem Tag in das Haus kommen, werden die Socken abgehängt und mit Kleinigkeiten wie Nüssen, kleinen Lebkuchen, Schokoriegeln gefüllt. Während der Nikolausfeier werden die Socken dann an die Kinder verteilt.

**Das brauchen Sie:**
Pro Kind eine schöne, bunte Socke, für jede Socke eine Wäscheklammer, breites, rotes Schleifenband, eine lange Kordel oder Schnur.

**So wird's gemacht:**
Schnur quer durch den Raum spannen. Jede Wäscheklammer mit dem Namen des Kindes beschriften. Socken mit der Wäscheklammer an der Schnur befestigen. Damit die Girlande hübscher aussieht, seitlich an die einzelnen Socken rote Schleifen binden.

## Bimmelt was die Straß' entlang

Text: überliefert, Melodie: Richard Rudolf Klein

1. Bim-melt was die Straß' ent-lang, kling und klang und kling und klang. Hält ein Schlit-ten vor dem Tor und ein Schim-mel schnauft da-vor.

2. Aus dem Schlitten vor dem Haus
steigt der Nikolaus heraus.
Durch den Schnee stapft er daher
und trägt einen Sack gar schwer.

3. Guten Kindern hier im Haus
leert er seinen Sack wohl aus.
Kling und klang und kling und klang,
weiter geht's die Straß' entlang.

aus: DAS LIEDERNEST Band 1, Fidula-Verlag, Boppard/Rhein

**Spielanregung:**
Die Kinder begleiten das Lied im Grundschlag mit Schellen und Glöckchen.

## Apfelteelicht

Dieses Winterlicht ist eine hübsche und gut duftende Tischdekoration, die auch noch kurz vor dem Nikolausfest hergestellt werden kann. Nach dem Fest werden die Äpfel als Bratäpfel oder Kompott weiterverarbeitet.

**Das brauchen Sie:**
Große, rotbackige Äpfel mit gutem Stand, Küchenmesser, Teelichter.

**So wird's gemacht:**
In den Apfel oben ein Loch in Größe eines Teelichts schneiden und in diese Öffnung das Teelicht hineinstellen.

## Adventskerze aus einem Waffelröllchen

**Das brauchen Sie:**
Kleinen Schokoladenlebkuchen, Waffelröllchen, geschälte Mandel, 2 Esslöffel Puderzucker, 1 Teelöffel Zitronensaft, zum Verzieren: Schokoplätzchen mit bunten Liebesperlen.

**So wird's gemacht:**
Den Lebkuchen brauchen Sie für den „Kerzenständer", das Waffelröllchen für die „Kerze" und die Mandel für die „Flamme".
In einer Tasse Zuckerguss aus Puderzucker und Zitronensaft herstellen. Ende der Waffel in den Guss tunken und mitten auf den Lebkuchen kleben. Waffelkeks solange festhalten, bis der Zuckerguss etwas getrocknet ist. Für die „Flamme" die Mandel ein wenig in den Guss tauchen und oben auf die Waffel kleben und wieder eine Weile festhalten. Zum Schluss kann der Lebkuchen noch mit Schokoplätzchen verziert werden. Dazu mit einem Backpinsel etwas Guss auf dem Lebkuchen verteilen und die Schokoplätzchen daraufkleben.

**Tipp:**
Falls sie die Kerze verschenken möchten, wickeln Sie diese in durchsichtige Folie ein.

# Schnee und Eis glitzern silberweiß

Wenn die ersten Schneeflocken vom Himmel fallen, hält es Kinder nicht mehr im Haus. Schon die Kleinsten erforschen mit den Händen den Schnee und probieren, wie er schmeckt. Mit Vergnügen lassen sie sich in den Schnee plumpsen und voller Erstaunen entdecken sie ihre eigenen Fußabdrücke darin.

Liegt genügend Schnee, gibt es nichts Schöneres, als gemeinsam mit Mama oder Papa einen Schneemann zu bauen oder sich gegenseitig mit Schnee zu bewerfen. Und welchen Spaß macht es erst mit dem Schlitten die verschneiten Hänge hinunterzurodeln!

Schnee ist ein Material, das zum Erforschen und Experimentieren, zu fantasievollem Spielen und Gestalten geradezu einlädt.

Ein Fest im Schnee ist sicher ein Ereignis, das Klein und Groß begeistert. Da ausreichender, leicht pappiger Schnee dafür Voraussetzung ist, erfordert ein solches Fest einiges an Improvisationstalent. Schnelles Handeln ist gefragt. Gemeinsam mit den Eltern lässt sich alles Nötige organisieren und der Spaß am Vorbereiten dürfte mindestens ebenso groß sein wie beim Fest selbst.

## Schneefest

Ein großer Schneemann im Haus lädt Kinder und Eltern mit einem lustigen Spruch zum Schneefest ein. Schneebälle, aus weißem Papier gerissen, dekorieren die Eingangstüre. Sind Kinder unterschiedlicher Nationen im Mini-Club, ist es eine schöne Idee, auf die Schneebälle das Wort für Schnee oder Schneefest in der jeweiligen Muttersprache des Kindes daraufzuschreiben. Fragen Sie die Eltern danach!

Sicher finden sich fleißige Helfer, die am Tag vor dem Fest mit vereinten Kräften eine Schnee-Bar aufbauen. Sie ist beim Fest allgemeiner Treffpunkt, wo man sich zwanglos unterhalten und bei heißem Punsch aufwärmen kann. Bei Minustemperaturen sind bunte Eiskuchen, die an einem Strauch hängen, ein äußerst dekorativer Blickfang.

Nach der Begrüßung aller Anwesenden und einer kurzen Information über das Programm, gibt ein Fingerspiel den Auftakt für das Fest. Danach geht es raus in den Schnee. Damit die Kleinen beim ausgelassenen Tollen im Schnee nicht frieren, tragen sie Schneeanzüge, Mützen und Handschuhe. Zum Aufwärmen steht heißer Früchtetee und Kinderpunsch in Thermoskannen bereit. Da bekanntlich viel frische Luft und Bewegung hungrig machen, haben die Eltern eine Brotzeit für ihr Kind mitgebracht. Eifrig schaffen die Kleinen in Eimern Schnee heran, um gemeinsam mit Mama oder Papa einen Schneemann zu bauen. Vielleicht entsteht dabei eine ganze Schneefamilie. Wieder andere gestalten lieber eine mehrstöckige große Schneetorte, die gegen Ende des Festes mit Lichtern und Süßigkeiten dekoriert wird. Vielleicht findet auch die Idee, gemeinsam eine Murmelbahn aus Schnee zu bauen, bei den Kindern großen Anklang. Die „Künstler" unter ihnen haben Spaß daran, einmal nicht auf Papier, sondern auf Schnee zu malen. Ein weiteres Highlight des Festes ist eine Schatzsuche im Schnee, die allerlei Überraschungen bereithält. Mit diesen lustigen Aktionen vergeht die Zeit im Nu und es kommt garantiert keine Langeweile auf.

Gegen Ende des Festes versammeln sich alle um die Schneetorte. Die Kerzen sind nun angezündet und verbreiten ihr stimmungsvolles Licht. Sicher entdecken die Kinder gleich die vielen Süßigkeiten und wollen diese auf der Stelle vernaschen. Doch noch müssen sich die Kleinen ein wenig gedulden, denn erst nach dem gemeinsamen Abschiedslied darf die Torte von allen geplündert werden.

## Der Schneemann begrüßt Kinder und Gäste

„Hurra, hurra, es ist so weit,
überall liegt viel Schnee bereit,
zum Spielen, Bauen, Graben
und all dem, woran wir Freude haben.
Ich lad' zum Schneefest herzlich ein,
auch du sollst bei der Feier sein!
So ein Fest, du wirst es sehn,
das wird bestimmt ganz wunderschön!"

## Schneemann

### Das brauchen Sie:

Für den Schneemann: Großer Müllbeutel (120 l) für den Körper, kleinerer Müllbeutel (60 l) für den Kopf, Styroporschnipsel oder geknülltes Papier als Füllmaterial, weißes Betttuch oder Bettbezug, Klebeband, Gummiband, schwarzer und roter Filz, Schere, Nadel, Faden, evtl. Doppelklebeband, Schal, Hut, Besen, Bindfaden.
Für den großen und die kleinen Schneesterne: Weißen Plakatkarton, Bastelkleber, Glitter.

**So wird's gemacht:**
Füllen Sie den großen Müllsack locker mit den Styropor-
schnipseln und schließen Sie ihn fest zu. Füllen Sie den
kleineren Sack so, dass ein runder Kopf entsteht. Verbinden Sie Kopf und Körper mit dem Klebeband. Stülpen Sie
das Betttuch über die Tüten und markieren Sie mit dem
Gummiband Kopf, Ober- und Unterkörper. Schneiden
Sie aus Filz Augen, Mund, Nase und die Knöpfe zu und
fixieren Sie diese mit ein paar Stichen oder mit Doppelklebeband am Körper. Zuletzt kommt noch Opas alter
Hut auf den Kopf und der Schal um den Hals. Besen
in das Gummiband stecken.
Großen Schneestern auf Karton aufzeichnen, ausschneiden und darauf die Schneemann-Einladung
schreiben. Diese direkt beim Schneemann an der
Wand anbringen. Aus dem restlichen Karton kleine
Schneesterne ausschneiden, mit Bastelkleber bestreichen und Glitter darauf streuen. Schneesterne in den Besen
stecken. Wer mag, kann den Boden rund um den Schneemann noch mit
Styroporchips und Wattekugeln in eine richtige Schneelandschaft ver-
wandeln.

# Schneeflöckchen-Einladungskarte

Die Gestaltung einer Schneeflöckchenkarte gelingt schon den Kleinsten.

**Das brauchen Sie:**
Blaue Doppelkarte (A5 auf A6 gefaltet), weißes Einlegepapier, weiße Fingerfarbe.

**So wird's gemacht:**

Für jedes Kind 1 Esslöffel weiße Fingerfarbe in einen Deckel geben. Mit der Farbe kann das Kind mit der Fingerkuppe viele „Schneeflöckchen" auf die blaue Karte tupfen. Sorgen Sie bei dieser Arbeit für eine abwaschbare Unterlage und genügend feuchte Tücher zum Reinigen der Hände.

Legen Sie ein weißes Doppelblatt ein. Die Vorderseite ist für das kleine Gedicht „Hurra, hurra, es ist so weit, überall liegt viel Schnee bereit ..." (siehe S. 98) reserviert. Auf der Innenseite folgen alle wichtigen Hinweise zum Fest. Da alle Spiele draußen bei winterlichen Temperaturen stattfinden, werden die Eltern gebeten, ihr Kind warm einzupacken. Es erfolgt noch der Hinweis, selbst eine Brotzeit mitzubringen. Für heiße Getränke ist gesorgt!

## Schnee-Bar

**Das brauchen Sie:**

Ausreichend Schnee, Eimer, Schaufeln, Obstkisten, ein langes Brett, Windlichter.

**So wird's gemacht:**

Obstkisten nebeneinander auf den Boden stellen und mit weiteren Kisten bis zur gewünschten Höhe aufstocken. Die offenen Seiten der Kisten auf der Innenseite der Schneebar eignen sich sehr gut als Abstellflächen für Becher, Tassen und den mitgebrachten Proviant.

Kisten an der Vorderseite mit einer Schneemauer verkleiden. Die „Mauer" oben begradigen und ein Brett zum Abstellen der Getränke auflegen. Dekoriert mit den von den Kindern gestalteten Windlichtern entsteht eine einladende Atmosphäre.

## Bunte Eiskuchen

Besonders viel Spaß haben Kinder an farbigem Eis. Mit Wasserfarben gelingt das ganz einfach: das mit Wasserfarben vermischte Wasser in Sandförmchen abfüllen, in jedes einen Bindfaden hineinlegen. Förmchen bei Minustemperaturen ins Freie stellen. So entstehen über Nacht herrlich bunte Figuren.
Die Eiskuchen lassen sich leicht aus der Form lösen, wenn Sie diese kurz in eine Schüssel mit heißem Wasser tauchen. An Sträucher oder Bäume gehängt, sind die Eiskuchen ein dekorativer Blickfang.

## Fingerspiel: Flockenkinder

Viele kleine Flockenkinder
sind vom Schlaf erwacht.                  *Mit den Fingern zappeln*

Viele kleine Flockenkinder
wirbeln durch die Winternacht.            *Auf und nieder zappeln*

Viele kleine Flockenkinder
tanzen rund im Kreis.                     *Rundherum zappeln*

Viele kleine Flockenkinder
fallen auf die Erde leis.                 *Hände landen auf dem Schoß*

Viele kleine Flockenkinder
liegen jetzt in stiller Ruh,             *Kopf auf die Hände legen*

decken Wiesen, Wald und Felder,
decken nun die Erde zu.                   *Hände streichen über den Schoß*
                                                        überliefert

**Variation:**
Die Kinder spielen die Schneeflocken und liegen schlafend auf der Erde. Wie im Text vorgegeben stehen sie dann auf, wirbeln durcheinander, tanzen im Kreis und lassen sich sachte auf die Erde sinken. Zuletzt kuscheln sie sich zusammen und schlafen wieder.

## Malen auf Schnee

Warum immer nur auf Papier malen? Liegt genügend fester Schnee, kann auch dieser bunt bemalt werden.

**Das brauchen Sie:**
Mit Wasser verdünnte Fingerfarben, Becher für die Farben, dicke Pinsel.

**Und schon kann's losgehen:**
Im Schneeanzug warm eingepackt, kann das Malabenteuer beginnen. Während sich die Jüngeren damit begnügen, Schnee einzufärben, haben die Älteren Spaß daran, mit dem Pinsel Muster auf den Schnee zu zaubern.

## Schatzsuche im Schnee

**Das brauchen Sie:**
Schnee, kleine Gegenstände, denen Wasser nichts anhaben kann, wie Minibälle, Murmeln oder Sandförmchen.

**So wird's gemacht:**
Die Kinder bauen gemeinsam einen großen Schneeberg, in dem Sie die „Schätze" unbeobachtet verstecken. Ist das geschehen, beginnen die Kinder im Schneeberg nach diesen zu wühlen, bis alle gefunden sind. Das ist

lustig und motiviert die Kinder zu weiterführenden Aktionen. Sandförmchen braucht man zum Schneekuchen backen, Bälle und Kugeln für eine Murmelbahn aus Schnee.

## Murmelbahn aus Schnee

**Das brauchen Sie:**
Schnee, Schaufeln, Wasser, Spritzflasche, Murmeln.

**So wird's gemacht:**
Die Kinder häufen Schnee zu einem großen Hügel auf und befeuchten ihn mit Wasser aus der Spritzflasche. Dann klopfen sie mit den Händen oder der Schaufel den Schneehügel fest. Entlang des Schneebergs formen die Kinder mit Ihrer Hilfe eine Murmelbahn mit leichtem Gefälle. Diese kann gerade oder besser gewunden von der Spitze des Hügels nach unten verlaufen. Noch interessanter wird die Bahn, wenn sie durch den einen oder anderen Tunnel führt. Ist die Murmelbahn fertig, kann der erste Probelauf mit einer Murmel beginnen. Sie wird auf die Spitze des Schneebergs gelegt, leicht angeschubst und rollt dann die Bahn hinunter. Klappt dies nicht so ganz, müssen die kleinen oder großen „Baumeister" noch nachbessern.

## Schneetorte

Eine Torte ganz aus Schnee ist für ein improvisiertes Schneefest mit Sicherheit eine originelle Idee. Belegt mit Süßigkeiten dauert es nicht lange, bis sie von den Kindern geplündert wird.

**Das brauchen Sie:**
Eimer, Schüsseln, Löffel, Schaufeln, Sandförmchen, Fingerfarben, Teelichter oder Kerzen, Kerzenanzünder, Konfekt.

**So wird's gemacht:**
Aus Schnee eine große, mehrstöckige Torte formen. Schnee in Schüsseln mit Fingerfarben einfärben und mit einem Löffel verrühren. Bunten Schnee in Sandförmchen geben, glatt streichen und dann aus den Förmchen stürzen. Schneetorte mit den Minitörtchen dekorieren. Konfekt rundherum auf die Schneetorte geben und Teelichter oder Kerzen in den Schnee setzen.

## Winterpunsch

Für 12 Tassen Winterpunsch gibt man 6 gehäufte Teelöffel Weihnachtsfrüchtetee in 1 Liter kochendes Wasser. 5 Minuten ziehen lassen. Anschließend werden 0,4 Liter Orangensaft und 0,2 Liter Traubensaft hinzugegeben und alles zusammen erwärmt. Auf Wunsch mit Zucker oder Honig süßen und das ganze durch ein Sieb in die Thermoskannen gießen.

# Schnee und Eis

Text und Melodie: Hanne Viehoff

1. Heu - te mor-gen bin ich auf - ge-wacht,
   hab ge-sehn, es hat ge - schneit die Nacht.

*Refrain* F

Schnee und Eis, Schnee und Eis, al-les glit - zert

sil - ber - weiß. Schnee und Eis, Schnee und Eis,

al - les, al - les___ ist ganz weiß.

2. Und ich lauf hinaus so schnell ich kann,
   will den Schneemann bau'n und fang gleich an.
   *Refrain*

3. Hole dann den großen Schlitten raus,
   saus den Berg hinab, gleich hinterm Haus.
   *Refrain*

# Nun heißt es Abschied nehmen

Jeder Abschied ist ein neuer Anfang. Auch aus Kleinen werden einmal „die Großen", die in die nächste Gruppe wechseln, oder die Familie eines Kindes zieht an einen anderen Wohnort. Da muss man sich nicht nur an eine fremde Umgebung und neue Kinder gewöhnen, sondern auch die vertraute Gruppenleiterin ist nicht mehr da. Bekanntes und Gewohntes muss zurückgelassen werden; Freundschaften und Bindungen, die Sicherheit und Halt gegeben haben, müssen losgelassen werden. Ein Spielkamerad, an den man sich gewöhnt hatte, kommt nicht mehr; die liebste Freundin muss man zurücklassen und bis eine neue gefunden wird, vergeht erst einmal Zeit.

Abschied nehmen und Neuanfangen ist immer ein Prozess, der von Ängsten und Unsicherheiten geprägt ist. Gerade kleine Kinder zeigen uns dies oft, indem sie lieber wieder Baby sein wollen. In der Kleinkindergruppe waren sie stark und voller Energie, in der neuen Situation wirken sie vielleicht ängstlich und hilflos. Nun sind sie wieder „die Kleinen", die erst einmal ihren Platz in der neuen Gruppe finden müssen.

Ein kleines Fest und all die begleitenden Aktionen erleichtern dem Kind den Abschied von der vertrauten Spielgruppe und helfen ihm Neues zu wagen.

## Gestaltungselemente für die Zeit des Abschieds

Wenn im laufenden Jahr immer wieder einmal ein Kind die Gruppe verlässt, so wird ausschließlich für dieses eine Kind eine kleine Abschiedsfeier arrangiert. Da ist es ein schöner Brauch, dem ausscheidenden Kind ganz viel Glück für den weiteren Lebensweg zu wünschen und ihm ein Geschenk mitzugeben, das es noch ein wenig auf diesem begleitet.
Beim Morgenkreis wird ihm ein Glückskäfer oder ein Glitzersticker angesteckt. So wird allen deutlich, welches Kind die Gruppe verlässt. Dieses hat von zu Hause Kuchen mitgebracht, den sich nun alle schmecken lassen.
Ein Kaleidoskop, ein kleiner Ball, eine Schwimmente oder anderes, sind kleine Geschenke, die mit nach Hause genommen werden dürfen. Um das Kind gebührend zu verabschieden wurde ein kleiner Vers eingeübt. Und natürlich darf das Album der Erinnerungen und die Sammelmappe mit all den Bildern, die das Kind im Laufe der Zeit gemalt hat, nicht fehlen. Sowohl das eine als das andere wird auch in späteren Jahren immer wieder gerne angeschaut und dokumentiert einen wichtigen Lebensabschnitt in der Spielgruppe.
Wechselt das Kind in die Kindergartengruppe, so ist ein selbst gefertigter „Kinderpass" ein originelles Abschiedsgeschenk. Stolz kann es diesen dann in der neuen Gruppe vorzeigen.
Wechseln mehrere Kinder zum gleichen Zeitpunkt in eine andere Gruppe, z. B. in den Kindergarten, erhält natürlich jedes Kind persönlich eine kleine Aufmerksamkeit. Zusätzlich wird mit diesen Kindern kurz zuvor noch eine kleine Aktion gemeinsam geplant: ein Ausflug zu einer Sehens-

würdigkeit, die für Kinder interessant ist; ein gemeinsames Eisessen beim Italiener; oder vielleicht sogar ein gemeinsam verbrachter Abend bei den Eltern eines Kindes mit anschließender Übernachtung.

Vielleicht lässt sich ein Besuch in der neuen Kindergartengruppe arrangieren. Der Wechsel fällt dann leichter, weil alles nicht mehr so fremd für das Kind ist. In der Praxis hat sich eine „Patenschaft" bewährt. Zwei ältere Kindergartenkinder nehmen sich des „Neuen" an, solange es das braucht.

## Album der Erinnerungen

Das Album kann vielerlei Interessantes enthalten. Es kommt darauf an, wie aufwändig Sie es gestalten wollen.

Ein aktuelles Foto des Kindes, datiert und mit seinem Namen versehen, ziert die Vorderseite. Innen wird der erste und später der letzte Tag in der Spielgruppe (Name) vermerkt.

Unter dem Stichwort „Das bin ich", wird eine Locke des Kindes, mit einer Schleife aus Seidenpapier verziert, eingeklebt. Folgen kann ein Abdruck der Hand, des Fußes und der Lippen, die zuvor mit Lippenstift bemalt wurden. Wert zu dokumentieren sind auch erste Malversuche, Fotos von Geburtstagen oder anderen Aktionen in der Spielgruppe, sowie Notizen über erste Freundschaften und Lieblingsspiele des Kindes. Wichtige Entwicklungsschritte des Kindes wie die ersten selbständigen Schritte können ebenfalls notiert werden. Für Heiterkeit sorgen Kindersprüche und kleine Anekdoten. Da alle Aufzeichnungen großen Erinnerungswert haben, werden sie datiert.

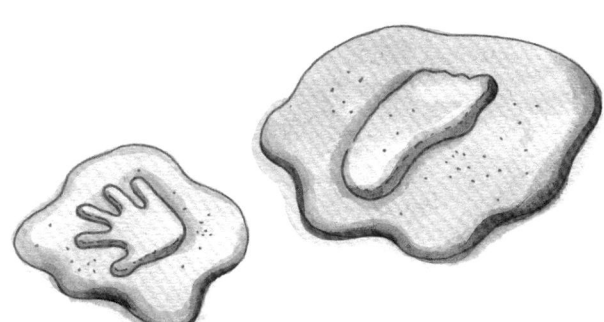

# Kinderpass

### Das brauchen Sie:
Fotokarton (DIN A5) in der Lieblingsfarbe des Kindes, Bastelschere mit Wellenschliff, Porträtfoto des Kindes, Kleber, Filzstift, Motiv-Stempel.

### So wird's gemacht:
Der Karton wird in der Mitte zu einer Klappkarte zusammengefaltet und die offenen Kanten mit der Schere wellenförmig beschnitten. Auf die Vorderseite kommt das Foto des Kindes und sein Name. Oben drüber steht in großen Buchstaben „Kinderpass". Auf den Innenseiten folgen Angaben, wie groß das Kind aktuell ist, welche Farben seine Haare und Augen haben. Befragen Sie das betreffende Kind nach seiner Lieblingsspeise und womit es besonders gerne spielt. Dabei kommen manchmal lustige Äußerungen zutage. Halten Sie diese ebenfalls im Pass fest. Ein Stempel oder Fingerabdruck des Kindes verleiht dem Ganzen einen amtlichen Charakter.

# Glitzersticker

Kinder lieben alles, was glitzert und glänzt. Der Glitzersticker ist eine Variante und wird aus dem gleichen Material wie der Glückskäfer angefertigt. Nehmen Sie hierzu Moosgummi in verschiedenen Farben und schneiden Sie Kreise mit 5 bis 6 cm Durchmesser aus. Bestreichen Sie diese mit Bastelkleber und streuen Sie Glitter und Pailletten darauf. Nach dem Trocknen auf die Rückseite die Anstecknadel kleben.

## Glückskäfer zum Anstecken

### Das brauchen Sie:
Rotes Moosgummi, Anstecknadel (4 cm lang), Schere, wasserfester
schwarzer Filzstift mittlerer Stärke, Kleber.

### So wird's gemacht:
Markieren Sie auf dem Moosgummi einen Kreis mit 6 cm Durchmesser
und malen Sie mit dem schwarzen Filzstift den Glückskäfer auf. Dann
den Käfer ausschneiden, auf die Anstecknadel kleben und trocknen lassen.

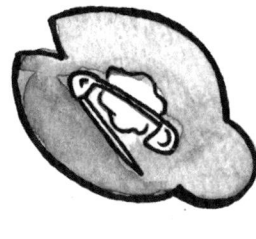

## Vers zum Abschied

Unsere liebe Lena *(Name des Kindes einsetzen)*
muss nun leider gehn.
Wir wollen Abschied nehmen
und rufen laut „Auf Wiedersehn!"

# Die Praxisreihe zur Erziehung der Unter-Dreijährigen für Krippe, Kindergarten und Eltern-Kind-Gruppen

Wer Kinder unter drei Jahren betreut, braucht gute Ideen, Spiele und Aktionen, die schon die Allerkleinsten mitmachen können und die Kinder in unterschiedlichen Entwicklungsphasen gleichermaßen begeistern.

Eva Reuys / Hanne Viehoff

## Jetzt kommen wir!
Ideen und Spiele für die 1- bis 3-Jährigen

*Jeder Band 84 Seiten, kartoniert, Illustrationen*

**Band 1**
**Das bin ich**

Kleinkindgerechte Spielideen, Krabbeleien, Verse und Aktionen, mit denen die Unter-Dreijährigen ihre Persönlichkeit entdecken.
ISBN 987-3-7698-1570-2

**Band 2**
**Wir spielen zusammen**

Praxisangebote, die dazu beitragen, dass eine
Gruppe zusammenwachsen kann, in deren
Spiel die Unter-Dreijährigen integriert sind.
ISBN 987-3-7698-1571-9

**Band 3**
**Wir erforschen unsere Welt**

Im Sand buddeln, in der Natur auf Entde-
ckungsreise gehen – bewegt und mit allen
Sinnen erkunden die Kleinsten ihre Welt.
ISBN 987-3-7698-1589-4

**Band 4**
**Wir kleistern, kneten, klecksen**

Ideen, mit denen Kinder unter drei Jahren
vielfältige Materialerfahrungen sammeln.
Mit Tipps zur altersgerechten Präsentation.
ISBN 987-3-7698-1590-0

# Krabbelkinderhits

Auf Musik gehen Babys und Kleinkinder ab wie eine Rakete. Sie wiegen sich im Takt und sobald sie sich irgendwo festhalten können, versuchen sie schon kleine Tanzschritte! Ein wahres Vergnügen sind da diese Krabbellieder: Eingängige Melodien mit altersgerechtem Wortschatz und Themen aus der Welt der 1- bis 4-Jährigen.
Mit passenden Spaß-Mach-Reimen, Bewegungsideen und Fingerspielen.
Die farbenfrohen Illustrationen machen nicht nur Kindern Spaß.

Stephen Janetzko
**55 Lieblingslieder für Krabbelkinder**
Mit Fingerspielen, Reimen und Bewegungsideen
144 Seiten, kartoniert, Noten,
farbige Illustrationen von Petra Lefin
ISBN 978-3-7698-1664-8

**Die schönsten neuen Lieder
sind auf CD erhältlich:**

Stephen Janetzko
**24 Lieblingslieder für Krabbelkinder**
Zum Mitsingen, Zuhören und Bewegen
CD, Gesamtspielzeit ca. 70 Minuten
ISBN 978-3-7698-1672-3